KB015305

레비나스의
『존재와 다르게-본질의 저편』 읽기

세창명저산책_055

레비나스의 『존재와 다르게 ─ 본질의 저편』 읽기

초판 1쇄 인쇄 2018년 2월 19일
초판 1쇄 발행 2018년 2월 26일
─
지은이 김연숙
그린이 김선우
펴낸이 이방원
기획위원 원당희
편집 홍순용·김명희·이윤석·안효희·강윤경·윤원진
디자인 손경화·전계숙 **마케팅** 최성수
─
펴낸곳 세창미디어
출판신고 2013년 1월 4일 제312-2013-000002호
주소 03735 서울시 서대문구 경기대로 88 냉천빌딩 4층
전화 02-723-8660 팩스 02-720-4579
이메일 edit@sechangpub.co.kr 홈페이지 http://www.sechangpub.co.kr/
─
ISBN 978-89-5586-508-0 03190

ⓒ 김연숙, 2018

_ 이 책에 실린 글의 무단 전재와 복제를 금합니다.
_ 책값은 뒤표지에 있습니다.

이 도서의 국립중앙도서관 출판시도서목록(CIP)은 서지정보유통지원시스템 홈페이지(http://seoji.nl.go.kr)와
국가자료공동목록시스템(http://www.nl.go.kr/kolisnet)에서 이용하실 수 있습니다. CIP제어번호: CIP2018000679

세창명저산책_055

김연숙 지음 | 김선우 그림

레비나스의
『존재와 다르게-본질의 저편』 읽기

세창미디어
MEDIA

머리말

　레비나스는 이제 우리나라에도 어느 정도 널리 알려지게 되었지요. 다른 나라보다는 덜하지만 일반인들 사이에서도 레비나스 마니아 층이 두텁게 형성되고 있는 듯한 느낌입니다. 이제 다행히 레비나스의 저서들이 많이 번역되고 있는 추세고요, 이번 기회에 저는 오랜 시간을 들여 박한표 박사님과 함께 번역했던 레비나스의 명저 『존재와 다르게―본질의 저편』에 대한 안내서를 쓰게 되어 매우 영광스럽답니다. 이 책의 번역서를 냈을 때, 저는 늘 한편으로 너무 어려운 내용을 담고 있는 것에 대해 미안한 생각을 가지고 있었습니다. 번역상의 문제도 있었겠지만, 레비나스 원전 자체도 매우 난해하였습니다. 어쨌든 저는 너무 읽기 어려운 글을 쓰거나 말을 하는 것은 지양하겠다는 소망을 가지게 되었습니다. 그럼에도 불구하고 읽기 쉬운 안내서를 쓰는 일이 쉽지 않았습니다. 고심 끝에 『존재와 다르게』를 중심으로 행해진 강의 내용, 학술토론을 거친 내용, 관련 논문들에서 중요하게 다루어진 핵심 개념들을 참조하여 명저 안내서를 쓰게 되었습니다.

이 안내서의 특징은 그림이 함께한다는 것입니다. 마침 김선우 화가의 그림철학은 "삶의 경험과 그로부터 관련된 연상을 누구나 알기 쉬운 직관으로 표현한다"는 것입니다. 그리고 자신의 철학적 입장에 부응하여 고맙게도 어려운 철학적 내용들의 핵심을 파악하여 누구나 딱 보면 알 수 있도록 한 장의 그림으로 표현해 주었습니다.

이제 우리가 지금부터 읽어 나가게 될 『존재와 다르게』에 대해서 말해 볼까요. 저도 그렇고 레비나스 연구가들이 꼽는 그의 대표적인 저서는 『후설 현상학에서의 직관이론』, 『전체성과 무한』, 『존재와 다르게―본질의 저편』입니다. 『후설 현상학에서의 직관이론』은 레비나스의 박사학위 논문이고요, 『전체성과 무한』은 서양철학에 내재된 존재론적 사유전통이 지닌 자아론적 특징과 전체론적인 구조를 폭로하면서 다른 방식의 사유형태를 드러내 보이는 지난한 과정이 고스란히 노정된 저서입니다. 레비나스는 이 책으로 세계적으로 주목받게 되었지요.

주류와 비주류의 경계[1]에 서 있던 레비나스가 비판받는 것 중의 하나는 "왜 존재론을 비판하면서 존재론적 언어를 쓰냐"는 것입니다. 그런데 이런 논법은 참으로 모진 말입니다. "미국을 비판하면서 영어는 왜 배우냐?"라든가 "독일을 비판하면서 왜 독일어로 시를 쓰냐?"라는 말들과 비슷한 어법이지요. 어쨌든 레비나스의 명저 『존재와 다르게』라는 말은 이런 방식의 곤란한 비판마저도 완전히 잠재우게 됩니다. 왜냐하면 이 책에서 레비나스는 자신이 생각하는 고유한 사유를 완전히 다른 언어로 펼쳐 보였으니까요. 들어본 적은 있지만 의미화되어 있지 않았던 단어들이 완전히 다른 문장을 이루어 문체를 드러낼 때 우리는 무척 당혹스러워집니다.

그러나 현기증이 느껴질지라도 우리 자신이 다른 곳, 다른 지평을 조망할 수 있기를 바란다면 견뎌 내야 합니다.

---

1 악몽의 유대인 학살이 있었던 세계대전을 전후하여 리투아니아로부터 비교적 관용적이던 프랑스로 이주하였던 유대인 이주자인 레비나스의 삶이 주류와 비주류의 경계선에서 오갔을 것이라는 것을 우리는 짐작할 수 있습니다.

레비나스가 『존재와 다르게』에서 인용하고 있는 괴테의 『파우스트』입니다.

메피스토펠레스: 항상 듣던 소린만 듣고 싶단 말인가요? 지금부터는 무슨 소리를 듣더라도 싫어해서는 안 됩니다. 벌써 오래전부터 이상스런 일들을 많이 겪어 오지 않았습니까?

파우스트: 하지만 나는 무미건조한 곳에서 행복을 찾고 싶지는 않네. 전율이란 인간 감정 중에서도 최상의 부분이니까.

— 괴테, 『파우스트』 II, 1막.
(박찬기 역, 『세계문학전집』 7, 삼성출판사, 1990, 29판, 267쪽.)

누구라도 항상 듣던 소리만 듣고 싶지는 않겠죠? 또한 무미건조한 것에서 행복을 느끼는 사람도 없겠죠? 그런데 우리는 이제 책을 읽어 가야 할 상황이고, 책을 통해서 전율을 느끼는 것이 흔한 일은 아닐 것입니다. 여러분들은 책을 통해 가슴에 차오르는 벅찬 감동이나 기쁨, 분노, 슬픔과 같은 어떤 감정을 느껴 본 적이 있나요? 저는 제 강의를 듣던 어느 학생으로부터 그런 이야기를 들은 적이 있어요.

자장면 배달을 하면서 검정고시로 고등학교 과정을 마치고 대학에 들어오지 못하고 있던 시절, 우연히 서점에서 손에 들게 된 야스퍼스의 책『계시啓示에 직면한 철학적 신앙哲學的信仰』을 읽고 마지막 장을 넘기던 새벽, 가슴에 벅차오르는 감동으로 전율을 느꼈다는 이야기입니다. 이런 체험을 하고 싶다는 제 소망은 그 후로 10여 년이 지난 어느 날 새벽 이 책,『존재와 다르게』를 읽어 나가던 중 이루어집니다. 여러분들도 부디 이 책으로부터 가슴을 울리는 어떤 느낌을 가질 수 있기를 소망하면서 명저 소개를 시작하겠습니다.

그럼 먼저 묵직한 느낌을 주는 서명『존재와 다르게—본질의 저편』의 의미를 살펴보겠습니다.『존재와 다르게』라는 말은 '존재, être'라는 말과 '~와는 다르게, autrement'라는 두 단어의 결합으로 되어 있습니다. 그러니까 혹시 'being and otherwise' 이렇게 생각할 수 있는데 그것은 아니고요, 영어로는 otherwise than being, 불어로는 Autrement qu'être 랍니다. 그럼 존재는 무엇이고 왜 존재와 다르게 하려는 것일까요?

서양철학에서 존재라는 말이 함축한 지고한 의미를 알면

알수록 존재와 다른 것을 추구한다든지, 언급한다는 것 자체가 얼마나 도발적인지 가늠하기 어려울 것입니다. 간단히 말하자면, 가까이는 우리에게 알려진 실존주의 철학자 사르트르의 유명한 저서명이 『존재와 무』이고 현상학적 실존주의자인 하이데거의 저서로 레비나스가 가장 훌륭한 책으로 꼽았던 네 권의 책 중의 하나인 『존재와 시간』에도 존재라는 말이 들어가 있지요. 김선우 화가도 하이데거의 '현존재의 각성'이라는 개념을 좋아하는 듯하더군요. 존재에 관한 철학적 성찰은 중세에도 중요한 주제로, 아우구스티누스에서는 존재와 비존재가 문제되었지요. 중세 이전에 희랍철학에서도 존재는 여전히 문제되었습니다. '왜 무가 아니고 존재인가?'라는 근원적 질문이 제기되기도 하였고요, 플라톤의 경우에도 존재가 언급되고 있습니다.

  사실 존재한다는 것, 무엇인가가 있다는 것, 유(有)란 참으로 신비하죠? 아무것도 없는 것이 아니고 이 세상에 무엇인가 존재한다는 것, 진공상태가 아니고 무엇인가가 있다는 것 그 자체는 참으로 신비한 일이죠. 우리 주변에 있는 모든 존재하는 것들, 숲을 이루는 나무들의 존재, 호흡을 가능하게 하는 적절한 산소가 함유된 공기들의 존재, 자신의 때에 맞추어 예쁘게 피어나는 꽃들의 존재, 심지어「존재의 이유」와 같이 유행가 제목으로도 존재라는 말은 자연스럽게 사용되지요.

그런데 여기서 '있다는 것' 자체가 좋은 것인가요, 아니면 존재하는 어떤 것이 좋은 것인가요? 불어오는 바람에 나뭇잎 하나하나를 정성스럽게 흔들면서 반응하는 하늘거리는 창밖의 미루나무들, 짓누를 듯 무거운 머리를 씻어 주는 상쾌한 대기, 무더운 여름을 참아 내고 추운 겨울을 견뎌 내면서 드디어 찬란하게 꽃망울을 터뜨리는 꽃들, 외로운 세상에서 말을 걸어오는 너.

이렇게 실제로 존재하는 것, 존재자étant들과 존재라는 말을 동의어로 봐야 할까요? 혹시 존재, 유有라는 말의 그럴듯함에 빠져, 존재의 실재, 즉 실제로 세월 속에서 시시각각 늙어 가는 존재자를 놓쳐 버리고 있다면 본말이 전도되는 것이 될 수도 있겠지요? 혹시 여기서 자라고 변화하고 늙고 사위어 가는 존재자들에게로 향하지 못하고 존재라는 보편적 개념, 추상을 더 선호하는 것은 문제가 될 수 있겠죠? 그런데 레비나스는 서구철학이 바로 이런 문제점을 안고 있다고 보고, 이제 바로 얼굴을 가진 타자를 대면하고 자아가 아닌 타자로부터 출발해야 한다고 주장하는 것입니다.

타자의 얼굴을 본다는 것, 대면한다는 것, 타자를 전면에서 직면한다는 것은 우리를 당혹하게 합니다. 심지어 타자의 눈은, 마치 그의 일부가 아닌 것처럼, 그의 영혼의 비밀 또는 삶의 비밀을 누설하면서 우리를 바라보기도 합니다. 우리의 깜냥을 고려하지 않고 전해지는 타자의 눈빛, 안색, 소리는, 그것이 무표정이고 소리 없는 침묵일지라도 종종 우리를 압도합니다. 이런 타자가 무겁게 느껴질지라도 회피할 수 없습니다. 우리의 감성은 외부로 열려 있기 때문입니다. 그럼에도 불구하고 타자를 회피하는 것은 우리가 그를 만나지 못한다는 것을 의미합니다. 타자를 회피한 채로 있는 것의 종착점은 달팽이처럼 자신에게로 돌돌 말려 자기폐쇄성을 띠게 되는 것이고, 자신만의 왕국을 건설하게 되는 것입니다.

그러나 타자에 직면한다는 것 또한 결코 쉽지만은 않습

니다. 타자에 직면한다는 것은 그저 동시대인으로서 함께 걸어간다는 동행이나 같은 공간을 점유했다는 공존의 의미가 아니기 때문입니다. 타자의 얼굴을 본다는 것, 타자의 눈동자를 응시하고 그의 영혼의 비밀을 전해 받았다는 것은 동시에 그의 삶과 운명에 대한 책임성을 부여받게 되었음을 의미합니다. 즉 그의 삶에 엮이게 됨을 고지받은 것입니다. 타자에게 사로잡힌 인질처럼 타자에게 끌려 들어감을 의미합니다. 타자의 고통에 휘말리게 될 것이고, 그의 삶에 대해 걱정하게 될 것이고, 타자를 위한 수난을 겪게 될 것임은 불문가지입니다.

타자의 삶에 엮이면서 겪는 이 모든 것의 의미는 무엇일까요? 바로 자아는 이기성으로부터 벗어나 윤리적 정체성을 획득하게 되는 것입니다. 즉 윤리적 주체성을 형성하게 되는 전환을 맞이하게 됩니다. 이기적 인간이 아닌 윤리적 인간이라는 것이죠. 말하자면 소인이 아니라 대인이라는 것입니다. 소인의 틀을 깨고 대인으로 거듭나는 것, 말하자면 알을 깨고 부화한 나비와 같은 것이죠. 레비나스는 이렇게 이기심을 버리고 타자를 위한 삶을 사는 윤리적 인간에 대해 '무한의 영광'이라는 타이틀을 부여합니다.

이제 본격적으로 레비나스 명저 읽기에로 진입합니다.

| CONTENTS |

머리말 · 4

레비나스의 안내 · 17

제1장 본질로 이해된 주체성의 문제 · 25
    1. 존재Being, être란 명사인가, 아니면 동사인가? · 31
    2. 무엇이 나타나는가? 또는 무엇이 보여지는가? · 34
    3. 누가 보는가? · 35

제2장 주체성의 재건 · 39
    1. 신체성의 주체성 · 39
    2. 마음psychisme의 주체성 · 48
    3. 비표상적 감관과 감성의 주체성 · 57

제3장 감성과 타자 · 69

    1. 근접성과 인도성 · 70

    2. 전-근원적인, 타자의 안-아르케 · 79

    3. 타자에게 사로잡힘 · 88

    4. 자유에 선행하는 책임 · 96

제4장 주체성과 무한 · 111

    1. 단독자로서의 주체성 · 111

    2. 무한의 영광 · 121

    3. 진정성과 무한의 증언 · 136

제5장 정의와 속죄 · 157

    1. 정의와 제삼자 · 157

    2. 자기 형제의 파수꾼인 자 · 164

    3. 속죄 · 165

참고문헌 · 167

일러두기

본문 및 인용문에서 괄호 안의 숫자는 Emmanuel Levinas, 김연숙·
박한표 공역, 『존재와 다르게—본질의 저편』(인간사랑, 2010)의 쪽
수를 가리킨다.

레비나스의 안내

『존재와 다르게』라는 제목의 이 책은 다소 비문법적인 듯하여 한참을 생각하게 만든다. 레비나스 역시 이 점을 의식하였는지 다음과 같이 말하고 있다.

이 책의 제목은 『존재와 다르게』라는 어법에 어긋나는 표현으로 제시되었지만, 그것은 이기심을 버리는 전 범위를 다루고자 한다. … 철학의 언어에서 이 같은 탐구가 어떻게 실행되었는가? 분명히 철학의 언어는 가장 높고 예외적인 시기에 존재 너머의 것과 존재가 구분되는 일자를 발화하였던 것 아닌가? 그러나 그것은 특히 존재를 말하면서 자기 자신 안에 머물렀던 것이 아닌가? 즉 자기 안에 머무는 것, 존재에로의 내면성 안에 머물렀던 것 아닌가? 그 속에서 유럽의 역사 그 자체는 정복이었고 질투로부터 나온 방어였던 것이다(326-327).

말하자면, 이 책을 통해 '이기심을 버리는 것'의 의미에 대해 철저히 다루겠다는 것이다. 욕심을 없애는 것, 사심을 버리고 자신을 비우는 것에 대해 논구하겠다고 선언한 것이다. 이런 논의는 소위 동양 유불도儒佛道의 사유전통에서는 매우 오랜 역사를 가진 것으로 이를 위해 전력을 기울여 왔다고 말할 수도 있겠다. 인용문에서 말하고 있듯이, 서구 철학사상사에서도 이와 같은 것이 없었던 것은 아니다. 그러나 '존재와 다른', 존재 저 너머를 논하면서도 결국은 자기에로 회귀하였고 자기 안에 머물러 왔으며, 자기를 유지해 왔다고 보는 것이다. 혹자는 자기 안에 머물며, 자기를 유지해 가는 것이 뭐가 나쁘냐고 반문할 수 있을 것이다. 나 역시 자기를 유지해 가는 것이 어느 정도 필요하다고 본다. 자기를 유지하지 않고 쇠퇴해 가는 것, 쇠락해 가는 것을 지켜보는 것도 고통이다. 그러나 자신을 유지하기 위해 남을 이용하거나 다른 이를 착취하게 된다면 이야기가 달라질 것이다. 자신의 양심이나 지성을 교묘하게 속이고자 다른 이를 사물화시켜서 문서를 작성하거나 기계를 조작하듯이 취급한다면 상황이 달라질 것이다.

이 문제를 레비나스 자신이 책의 서문과 마지막 장에서 밝힌 이 책을 쓴 이유를 통해서 보다 자세히 살펴본다.

본질, 존재자, '차이'의 연관성을 흐트리는 예외를 주체성 안에서 식별해야 한다. 즉 주체의 실체성에서, 내 안의 '유일한 것'의 단단한 알맹이에서, 결여된 나의 동일성에서, 타자를 대속하는 것을 깨달아야 한다. 유한성, 정념, 수용성보다 더 수동적인, ―그리고 다른― 배수拜受, suception에 따른 초월의 충격에 가차 없이 노출되는 것과 같은, 의지에 앞선 이 같은 헌신을 생각해 보자(서문).

이 인용문을 통해 생각해 본다면, 마치 '바늘로 찔러도 피한 방울 흘리지 않을 것같이' 단단한 차돌멩이 같은 주체의 실체성에서, 동일성이 완화되면서 타자를 대속하게 되는 것을 생각해 보자는 것이다. 그리고 유한성, 정념, 수용성의 측면으로 이해되어 열등한 것이자 극복되어져야 할 것으로 간주되어 왔던 전통적인 수동성의 차원과는 전혀 다른, '수동성보다 더 수동적인 수동성'에 자리한 상처받기 쉬운 전염과 같이 예민한 민감성으로부터 초월과 헌신의 문제를 다루겠다는 것이다.

　이같이 받아들이기 어려운 민감성susceptibilité으로부터 세상에 깃든 이론과 실천을 도출하는 것, 이것이 바로 『본질의 저편』이라고 이름 붙인 이 책이 말하고자 하는 것이다.

　이 말은 윤리학적으로나 인식론적으로 또는 지식론에 있어서 매우 중요한 함의를 지닌다. 어떤 점에서 그러한가? 첫째, 이론과 실천을 끌어내겠다는 대담한 포부를 드러낸 것이고, 둘째, 이 작업을 민감성에 근거하여 수행하겠다고 밝힌 것이다.
　이 세상에는 다양한 영역의 학문에서 이론과 담론들이

많이 제시되어 왔지만 어떤 지식에 노출되는 순간 행동을 촉발하게 만드는 경우는 매우 드문 것 같다. 어떤 영역보다 실천을 촉발하는 이론이 보다 절실한 것은 윤리학이다. 윤리학의 중요한 문제는 이론과 실천의 결합이라고 할 수 있다. 수학이론을 잘 아는 사람이 일상생활에서 수학적으로 살지 않는다고 욕을 먹지는 않으며, 수학적 실천이 전제될 때 그 앎이 더 의미 있는 것으로 받아들여지지도 않는다. 그러나 어떤 사람의 도덕적 지식과 앎이 높은 반면 그 실천이 수반되지 않을 때, 다시 말해 말과 행동이 일치하지 않을 때 사람들은 그 점에 대해 비난하고 당사자도 자괴감을 느끼기 쉽다. 그래서 윤리학에서 이론과 실천은 늘 중요한 문제로 남는다.

일반적으로 서구 윤리학은 지성과 이성에 기초한 주지주의 전통이 강했다. '좋은 것이 무엇인지 안다면, 어떻게 그 좋은 것을 하지 않을 수가 있겠는가?'라는 유명한 소크라테스의 지행합일설 이후로, 안다면 행할 것이라는 것은 자명한 것처럼 여겨졌다. 여기서 앎은 이성에 기초해 있고 행동은 앎에 수반되는 것으로 설정되어 있다. 물론 얼마 지나지 않아, 아리스토텔레스는 '무엇이 좋은 것인지 알아도 의지가 나약하면 못 한다'는 말로 인간이 자신의 이성적 앎으로부터 뒤처져 있을 수 있다는 점을 적시하고 있다. 그러나 여전히 도덕적 행위에서 실천적 분별력으로서의 이성이 전제되고 있고 이런 이성 중심성은 근대의 칸트에 이르기까지 변함없이 유구한 전통을 구축해 왔다. 그러나 흄을 비롯한 많은 이들은 과연 이성이 행동을 촉발시키는 주도적 능력을 가지고 있기는 한 것인지에 대한 근본적 회의를 표명하기에 이르렀다. 이 같은 윤리학적 난제에 대해서 레비나스는 단도직입적으로 이론과 실천을 함께 끌어내겠다고 선언하고 있는 것이다. 나아가 이런 작업을 이성이나 정념에 의거한 것이 아닌, 인간의 상처받을 수 있음인 민감성, 감성으로부터 끌어내겠다고 표명한 것이다.

우리는 인간의 어떤 민감성의 의미를 재고해야 한다. 더 이상 인내에서 인간의 존재론적 유한성의 한 면만을 보아서는 안 된다. 그러나 그것을 위하여 우리는 다른 이에게 인내를 요구하지 말고 바로 나 자신을 참아야 한다. 그리고 그것을 위하여 자신soi과 다른 사람들 사이의 차이를 받아들여야 한다. 인간을 존재에 묶는 것과는 다른 유대를 인간에게서 발견해야 한다. 어쨌든 이것은 나와 타자 사이의 차이, 압제에 대항하는 절대적 의미 속에서의 불평등을 생각해 볼 수 있게 할 것이다(324).

감성의 민감성으로부터 윤리학을 구축하겠다는 레비나스의 선언이 어떤 방식으로 실현되는가는 책의 말미에서 더욱더 구체적으로 제시되고 있다. 그는 직접 겪은 2차 세계 대전의 참담함 속에서 서구를 지배했던 철학적 논쟁들에 대한 뼈아픈 성찰을 보여 주고 있다. 첫째, 주체성을 본질의 관점에서 파악해 온 것에 대한 성토이고, 둘째, 국가주의의 폭력이나 권력의 폭력에 대한 유혹에서 폭력에 대항하는 방식을 성찰한다.[2]

2　우리와 같은 또 다른 서구인들에 있어 진실로 문제되는 것은 우리가 폭력에 대해 투쟁하는 것에 대해 우리 스스로 자문하는 것처럼 폭력을 거절하는 것에 있지 않다. 악에 대한 무-저항 속에서 자신을 위축시킴이 없이, 폭력에 대한 투쟁은 바로 이 같은 투쟁 자체로부터 출발하여 폭력의 제도를 막을 수 있다. … (324)

혹자는 레비나스가 유대인으로서 당한 박해 때문에 원한을 가지고 당시의 서구철학에 대해 냉정하게 비판하는 것이 아니냐고 말하기도 한다. 그러나 이런 방식의 질문이나 의문은 학문적으로나 인격적으로 레비나스에 대한 무례라고 생각한다. 이것은, '일제의 억압을 겪은 한국인 철학자가 일제의 사유에 담긴 폭력성의 근원을 철학적으로 탐색한다'고 가정할 때, 그에 대해 '너의 방식은 너가 일제에게 당했기 때문에 나온 것으로 너의 주관적 체험인데다가 피해의식이 담겨 있는 것 같다'라는 뉘앙스로 말하는 것과 다르지 않다. 이는 마치 자신이 삶에서 겪고 체험한 것들을 무시하고 오직 회색지대에서만 사유하는 것이어야 탈주관성을 확보할 수 있는 것처럼 간주하는 논법이고 객관성을 진실이나 사실과 혼동하는 사고의 교착을 드러내는 것이라 할 수 있겠다.

제1장
본질로 이해된 주체성의 문제

주체성은 실존을 위한 싸움을 참회함에 있어서, … 주체성이 단지 본질을 위하여만 있다고 거짓되게 주장할 때조차도, 그리고 의지를 원하지 않는다고 주장할 때조차도 본질에서 끌어내는가?(324) … 존재자들의 존재인 본질은 비교할 수 없는 것들, 자아와 타자들을 (그리고 이것이 단지 비유의 통일성에 의해서일지라도) 일체로, 공동체로 묶는다. 그리고 우리를 '같은 방향으로' 끌고 가며, 죄수처럼 서로서로 묶고, 그 의미의 근접성을 약화시키면서 취합해 버린다. … 우리는 본질의 저편으로부터 주체의 주체성을 이해할 수 없는가?(325) … 이 책에서는 주체의 주체성을 존재의 본질과 단절한 대속으로 해석하고 있다(337). 자신을 초월하는 것, 자기 집에서 나오는 것은 바로 타자를 대속하는 것이다. 자기 자신의 안식처 속에서, 자기를 고이 지탱해 가는 것이 아니라 유일한 자라는 나의 단일성에 의해 타자를 대속하는 것이다(332). …

어느 사회에서나 그 사회의 지성적 논의의 지속적인 관심을 끄는 핵심 주제가 있다. 서구의 철학적 사유에서 그러한 주제가 되었던 것은 인간의 존재esse, sein, being, être와 그 본질essence을 해명하는 문제라고 볼 수 있을 것이다. 그러나 인간의 본질규정을 통해 인간 존재를 해명해 가는 전통적 사유에 대해 레비나스는 "주체성은 본질의 양태가 아니다(La subjectivité n'est pas une modalité de l'essence)"[3]라는 명제로 단호히 자신의 다른 입장을 표명한다. 인간 주체성을 본질로 환원시켰을 때 어떤 문제가 있는 것일까. 만일 독자가 주체나 존재, 주체성이나 본질에 관한 개념조차 정립되어 있

---

3 Emmanuel Levinas, *Autrement qu'être ou au-dela de l'essence*, Martinus Nijhoff, 1974, p.33 이하 .

지 않은 상태라면, 이러한 문제제기 자체가 당혹스러울 것이다. 그러므로 먼저 이들 개념을 간단히 살펴보는 것이 좋겠지만 이러한 것도 간단하지가 않다. 그 이유는 '존재'에 관한 의미규정을 살펴보면 금방 알 수 있다. 이런 작업을 하다 보면, 임마누엘 칸트Immanuel Kant, 마르틴 하이데거Martin Heidegger 등의 철학사전이 따로 있을 뿐만 아니라 각각 다른 방식과 내용들로 설명되고 있음을 알 수 있다.

먼저 이 존재와 본질에 관한 서구의 전통적 이해를 대략적으로 살펴본다. '존재에 대하여'라는 부제가 붙은 플라톤의 『소피스트ΣΟΦΙΣΗΕ』에서 존재는 다섯 가지 주요 범주[4]의 하나로 중요하게 다루어진다. 존재·본질에 대한 관심에서 아리스토텔레스는 우주 안의 존재자들 사이의 질서에 관한 사유와 각각의 존재 특성에 따른 종과 유의 분류 및 질서정연한 사물의 질서체계를 구축하였다. 자연의 관찰자인 아리스토텔레스는 동일한 종류의 씨앗은 항상 동일하게 성숙

---

4   Emmanuel Levinas, "Philosophy and the Idea of Infinity," in *Collected Philosophical Papers*, trans. A. Lingis, Netherlands: Kluwer academic publishers, 1995, pp. 53–54. 다섯 가지 주요 범주는 존재, 운동, 정지, 동일자, 타자이다.

한 형태로 자라게 된다는 것에 주목한다. 즉 동·식물과 같은 자연물은 그들 안에 그들의 목표를 향하게 하는 질서의 원리, 형상을 가진다는 것이다. 이렇게 어떤 한 존재 A를 A이게끔 하는 고유한 특성, 즉 B가 아니고 A이게끔 하는 것을 그것의 본성, 본질Nature, essence이라 칭한다. 예컨대 다람쥐를 여타의 것들과 구분해 주는 다람쥐의 본성은 "선을 타고 달린다"와 같은 다람쥐만의 고유한 특성, 탁월성에 있다. 원숭이와 뱀도 다람쥐처럼 나무에 오를 수는 있겠지만, 나무와 나무 사이를 타고 달리는 날렵함은 다람쥐만의 고유한 탁월함이라 할 수 있을 것이고, 바로 그것이 다람쥐를 다람쥐답게 구분해 주는 본질적 특성이라 할 수 있다. 아리스토텔레스는 '선을 타고 달리는' 다람쥐의 본질처럼, 인간존재를 여타의 존재들과 구분해 주는 본질적 특성이 있을 것으로 보았다. 그리고 이성능력이야말로 인간의 고유성이라고 규정하였다.[5]

그런데 인간존재의 본질로 이해된 이성에 함축된 의미도

---

5   Barbara Mackinon, *Ethics*, pp.82–84.

김선우, 다람쥐의 본질: '선을 타고 달린다', 인간의 본질은?

(종이에 마카, 비정형, 2015)

원숭이도 나무에 올라갈 수 있고 새들도 날아서 나무에 오른다. 그러나 줄을 타고 달리는 능력은 다람쥐가 탁월하다. 여타의 다른 무리들과 구분되는 다람쥐의 본성적인 탁월한 능력은 바로 줄, 즉 선을 타고 달리는 능력이다. 다람쥐의 행태를 가만히 관찰해 보면, 다람쥐는 나무들 사이에 이어진 잎새를 가로질러 타면서 줄을 타듯이 옆의 나무들로 이동한다. 그래서 아리스토텔레스는 다람쥐의 본질을 '선을 타고 달린다'로 규정한다. 그렇다면 여타의 것과 구분되는 인간만의 특유한 능력으로서 본질은 무엇일까?

각 시대에 따라 조금씩 달라지고 있다. 희랍적 사유 전통에서 이성은 특히 이론적인 자율성의 의미를 함축한다. 감성적인 경험의 도움이 필요 없이 이론을 위한 이론, 실용적인 필요에 의존하지 않는 진리를 위한 진리인 것으로, 인간은 이런 이성을 선험적으로 지닌 특별한 존재로 설정된다. 이성을 인간존재의 본질로 규정한 그리스적 사유의 정당성은 간간히 제기된 회의에도 불구하고 근본적인 측면에서는 의심되지 않았던 것 같다. 중세인들에게 이성은 스스로 진리를 추구할 수 있는 자율성autonomie은 가졌어도 이성만으로 충분하다는 자족성Autarkie은 갖지 못한 것으로 받아들여진다. 아우구스티누스는 인간은 감각과 지각과 이성을 지닌 존재로, 이성은 바르게 판단하기도 하지만 잘못 판단하기도 한다고 주장한다. 토마스 아퀴나스는 이성은 감각적인 경험을 토대로 추상적인 형상을 이끌어 낸다고 설명한다. 근세의 데카르트는 사람의 영혼이 이성을 가진 것이 아니고 사람의 영혼이 곧 이성, 즉 의식이라는 보다 과격한 주장을 한다. 헤겔은 사람의 본질뿐만 아니라 우주의 본질이 이성이라고 주장한다. 인류역사의 변증법적 발전 과정은 이성의 변증법적 발전 과정에 다름 아니라는 것이다.

이제 레비나스에게서 존재가 어떤 개념으로 형성되고 논의되고 있는가를 고찰해 보아야 한다. 그의 문제제기를 일련의 물음의 형식으로 따라가 본다.

1. 존재Being, être란 명사인가, 아니면 동사인가?

일반적으로 존재는 '있음'을 의미한다고 볼 수 있다. 그리고 어떤 있는 것으로 하여금 바로 그것이게끔 만드는 특성을 우리는 그의 본질로 규정해 왔다. 그런데 이것은 간명하지가 않다. 조금 더 생각해 본다면, '있음, 존재, 유有'는 있는 것들, 존재자étant의 공통적 속성으로서의 '있음être'을 명명한 것임을 알 수 있다. 그러나 그것이 어떻단 말인가? 만일 '무로부터 나온 유인지 아님 유로부터 유가 나온 것인지'를 묻는 것과 같은 고전적인 그리고 너무나 추상적이면서 근본적인 의문이 아니라면, '모든 존재하는 것들은 존재하는 것으로 존재라는 공통성을 지닌다'라는 말은 사실 싱겁기조차 하다. 레비나스는 존재être라는 단어는 독특하게도 존재함이라는 동사적 의미를 내포하고 있음에 주목한다. 존재가 곧 존재함을 함축하게 되는 독특한 의미관계는 철학이라는 명사가 곧 철학함이라는 동사적 의미를 함축하지는 않고 있다는 것, '공부'라는 명사가 곧 '공부하다'라는 동사적 의미를 함축한 것이 아님을 생각해 보면 금방 드러난다.

여기서 첫 번째로 제기되는 질문은 존재와 진리의 의미관계 속에서 제기된다. "존재란 명사인가 아니면 동사인가?"라는 것이다. 달리 말하면 존재란 존재인가 존재함인가? 진리란 존재 그 자체가 드러남을 말한다. 그렇다면 무상하게 변화되어 가는 존재자들 속에서 스스로 드러나는 존재의 진리란 무엇을 말하는 것이고 어떻게 규명되는 것일까? 또한 그렇게 변화해 가는 것의 고유한 속성 내지 본질은 무엇에 의거해 찾을 수 있는가? 사람의 경우를 보자. 어린아이로부터 성인이 되고 또 늙어 가고 육체적·정신적으로 쇠약해지고 급격한 신체적 정신적 쇠락을 맞이하기도 한다. 그렇다면 어떤 한 사람의 존재가 그 스스로 드러내는 본질은 무엇일까? 핵심적 특징이 없지는 않겠지만, 그러나 정지되어 있지 않은 존재과정의 매 순간에 드러나는 바가 고정되어 있지 않다는 것을 생각해 본다면, 그것이 무엇이라고 규정하기는 결코 쉽지 않을 것이다. 또한 참나무가 도토리에서 시작되는 것은 맞지만, 어린 새싹에서 나무줄기가 되고 아름드리 느티나무가 되지만 오랜 시간이 지나면 서서히 둥치가 썩고 차츰 소멸해 간다.

이러한 존재과정에서 존재 스스로 드러내는 것 즉 진리를 딱 꼬집어 무엇이라고 파악하기 또한 쉽지 않은 일이다. 그것을 파악해 내는 것이 결코 쉬운 일이 아닐 뿐만 아니라, 설령 파악한다고 할지라도 이들을 진리라고 잡아채는 것이 과연 어떤 큰 의미가 있는 것인지 의아해질 수도 있다. 이런 것을 고려한다면, 우리는 "존재와 진리의 구별이 모호하며, 궁극적인 것은 아니다"[6]라고 보는 레비나스의 말을 쉽게 납득할 수 있게 된다. 요컨대 존재와 '존재 자체가 스스로 드러냄을 의미하는' 진리를 구별하는 것도 모호하고, 이들을 구별하는 것이 궁극적 문제로 다루어질 만

---

6 *Autrement qu'être ou au-dela de l'essence*, p.43.

큼 비중이 있는 중요한 문제는 아니라고 볼 수 있다는 것
이다.

2. 무엇이 나타나는가? 또는 무엇이 보여지는가?

레비나스의 다음 두 번째 물음은 "무엇이 나타나는가"에
관한 것이다. 이 물음은 "무엇이 보여지는가?"라는 물음으
로 바꾸어 볼 수 있을 것이다. 이 물음에서는 '무엇'이라는
말이 주어로 되고 있으며, 달리 말하면 '그것은 무엇인가'라
는 물음이 이미 전제되어 있음을 알 수 있다. 철학적 논의
의 맥락에서 본다면, 이 '무엇, 무엇임'은 곧 어떤 것의 '본
질'을 의미하는 것이다. 본질 즉 어떤 것의 핵심은 그것의
존재로 싸여 있고, 우리는 존재해 있는 것으로부터 그것의
핵심이 무엇인가를 알고자 한다. 이 물음은 존재의 무엇을
묻는 것이며, 이것을 우리는 존재자의 본질로 이해한다.

여기서 레비나스는 "만일 무엇이라는 본질에 관한 질문
이 모든 사유의 근원에 속한 것이라면 모든 탐구는 존재론
에로 거슬러 올라가며, 존재자의 존재의 지성에로, 본질의

지성에로 거슬러 올라가게 된다"[7]는 점에 주목한다. 이러한 논의들은 결국 존재와 본질의 관계에 대한 탐구인 것으로, 존재자의 존재, 무엇, 본질을 추구하는 사유방식이 결국 존재론으로 향해 갈 수밖에 없음을 보여 준다.[8]

3. 누가 보는가?

우리는 이 지점에서 레비나스의 세 번째 물음인 "누가 보는가?" 또는 "누가 진리 속에서 표명되는 존재를 보는가?"를 숙고해 볼 필요가 있다. 이 물음에 대한 숙고는 단지 존재의 표출을 다루는 것으로만 제한될 수 없다. 시선의 주체는 자신의 대상과의 엄격한 관련성 속에서 생각하는 주체일 것이다. 그런데 레비나스의 지적대로, 시선은 지식이 축적되고 형성되는 내면성의 주름을 파고 있는 존재사건을 피할 수 없을 것이다. 여기에서 우리는 존재, 존재자, 표출,

---

7 *Ibid*, p.44.
8 후설 현상학의 '본질 직관에 관한 학'이 하이데거의 존재론으로 연결되었음을 생각해 보라.

보는 자, 존재자의 존재, 본질의 친화성을 볼 수 있으며, 이들로부터 구성되는 진리의 출현까지도 목격할 수 있다.[9]

그런데 여기에서 문제가 발생한다. 진리가 존재의 표명과 자아의식 속에서만 구성된다는 점이다. 이는 진리를 구성하는 두 가지 변수들인 '보는 자'와 '보여지는 것들' 모두가 문제적임을 의미한다. 존재의 표명, 즉 보여지는 것이 자의식에 의해 진리로 구성되면서 이미 존재하는 것의 변화들, 즉 미분적 차이들은 사라지게 된다. 더욱이 존재자의 존재, 본질을 향한 끈질긴 탐색은 이런 문제를 가중시킬 것이다. 또한 레비나스가 지적한바, '보는 자', 시선의 주체, 자의식은 지각의 통일 아래에서의 회상, 재결합에 의해 진리를 구성한다. 무엇이 문제인가? 보는 주체 안의 의식의 통일성에는 소실되는 현재, 경과로서의 시간이 고려되지 않는다. 오히려 존재의 표명을 의식의 대상으로 고정시키는 재-현, 시간의 회복, 재-포착이라는 무리함(?)이 수반되고 있는 것이다.

---

9 *Ibid*, p.52.

레비나스는 시선에 입각한 존재론적 진리구성 또는 인식하는 주체에 의한 진리구성을 근본적으로 비판하지만, 그가 진리 자체를 문제로 삼는 것은 아니다. 그는 '스스로 열려지는 존재의 진리로 완전히 개방된 주체'는 존재론으로부터 이해되는 주체와는 완전히 다른 방식에서 주체성을 해명한다고 본다. 즉, 참된 존재 이해는 인식으로부터-오지-않는-것(Ce ne-pas-venir-de-la-connaissance)[10]이라는 것이다. 그는 "주체가 존재로부터 출발하여 완전히 이해되는가"[11]라고 반문하면서 존재나 본질과는 다른 방식으로 행해지는 사유는 자의식의 통일성, 자기에로 회귀시키는 자의식의 구성작용과는 다른, 자아의 절대적 외부성을 시사한다고 말한다.

---

10 *Ibid*, p.47.
11 *Ibid*, p.54.

제2장
주체성의 재건

1. 신체성의 주체성

레비나스는 자기의식을 주체성의 기원, 토대, 근원으로 삼는 전통적 사유의 문제를 인식하면서, 인간의 신체성을 통해 형성되는 주체성을 제시한다. 서구적 사유전통에서 인간의 주체성은 자의식 위에 설립되어 왔다. 자기-의식은 외부로부터 분리되어 있다. 그리고 이 세계를 능동적으로 구성하는 일을 한다. 그러므로 자기-의식은 자아의 능력, 힘을 표출할 수 있다. 이처럼 이 세계에 대해 능동적으로 주도권을 잡고 외부를 주물하고 장악하는 자아의 작용성은 일견 매우 매력적으로 보일 것이다.

그러나 이 지상에서 인간의 존재방식은 몸적인 삶, 신체성을 전제로 하고 있다. 의식에서 생각하는 것과 실제적 삶은 격차가 있다. 제일 먼저 그 격차를 실감하게 하는 것은 생각을 따라 주지 못하는 자신의 몸이다. 바로 자기 자신의 자의식을 배반한다고나 할까? 대체로 우리의 몸은 생각에 앞서 있거나 또는 뒤처져 있다. "나이가 들면 이제 점점 모든 일을 자신의 몸과 먼저 상의해야 한다"[12] 는 소설가 박완서의 글대로, 우리의 몸은 불가피하게 시간의 지배를 받으며, 안타깝게도 우리의 의지와 의식을 거스르면서 나로부터 점점 뒤처져 있곤 한다.

우리의 신체는 속수무책으로 시간의 흐름을 겪게 된다. 시간의 지배 아래 놓이는 몸은 생·노·병·사를 겪어야 하는 수동성을 지니며, 늙고 병드는 고통을 겪어 갈 수밖에

---

[12] 박완서의 다음 글은 망각되어 온 신체성의 의미를 묻게 한다. "이 노릇은 힘이 많이 드는 일이다. 점점 힘에 부친다는 걸 느끼기 때문에 작은 일이라도 시작하려면 먼저 내 몸하고 의논을 해야 한다. 하다 못해 짧은 여행을 떠나려도 그전에 내 몸의 눈치부터 봐야 하는 주제에 …." 박완서, 『두부』, 창작과 비평사, 서울, 2002, 203쪽.

별다른 도리가 없다. 모든 생명체는 그 존재의 시작과 끝, 즉 태어남과 죽음, 몸의 출현과 소멸의 과정을 겪으며, 우리는 그것을 필멸의 운명으로 받아들일 수밖에 없다. 한 생명의 지속기간은 쉼없이 흐르고 있는 그 자신의 고유한 시간의 지속을 의미한다. 물론 우리가 각각의 개체적 시간들과 사건들을 역사나 기록물 등을 통해 인위적으로 하나의 시간의 선으로 통일시킬 수는 있을지라도, 이 같은 연대기적 시간화의 작업이 각각의 개별적 존재자를 지배하는 몸적 생명의 지속시간을 연장시켜 주는 것은 아닐 것이다.

통상적으로 시간은 과거, 현재, 미래의 도식으로 이해되어 왔다. 지나간 과거는 기억으로 회상되고 아직 오지 않은 미래는 상상과 예견을 통해 예측된다. 무엇보다 이러한 회상과 예측이 가능한 것은 능동적 자아의 구성에 의해서이다. 그런데 이렇게 자유롭게 과거로 거슬러 시간을 되돌리고 미래를 앞당겨 오는 의식의 자유로운 구성으로부터 즉각적으로 비켜서는 것이 있다. 그것은 바로 그 의식이 자리하고 있는 바로 그의 몸, 육체이다. 레비나스는 능동적 자아의 표상작용에 의해 재-현되는 시간화에서 제기되는 중요한 문제점을 제시한다. 그것은 자의식의 현전présence에로 취합하는 것과 같은 방식으로 다루는 시간성 속에서도 타자는 결코 재현으로 동화될 수 없다는 것이다. 재현으로 통합될 수 없는 타자는 이 전환 속에서 '시간적 통시성'을 보전할 것이다. 여기서 통시성diachronie이란 자아와 타자를 동일시할 수 없음, 통합불가능성을 의미한다. 통시성은 돌이킬 수 없는 시간의 경과를 함축한다.

레비나스는 『신, 죽음 그리고 시간』에서 '시간이란 의식의 흐름이라기보다는 동일자의 타자를 향함'이라고 설명한다. 타자를 향함이란 지향성intentionnalité과 구분된다. 지향성은 상관관계인 것으로, 상관적인 것 속으로 흡수되며, 포착되고 공시화된다. 이와 달리 타자로 향함이란 바로 나의 이웃인 타자에게 응답하는 것 즉 책임성과 관련된다. 레비나스는 "타자를 위한 책임은 앙가주망이 아니다"라고 한다. 자유와 앙가주망을 밀접히 연루시키는 장 폴 사르트르Jean-Paul sartre의 논의를 생각해 본다면, 이 명제가 매우 도전적임을 즉각적으로 알 수 있다.

타자에 대한 책임은 자아의 능동성에 의거하는 앙가주

망이나 재현 가능한 현재화의 수집 속에서 취합되는 시간성에 의한 현재의 확장으로는 제대로 설명되지 않는다. 타자에 대해 우리가 응-답ré-ponse하는 것은 이미 타자의 존재를 전제한다. 이와 같은 맥락에서 보다 근원적인 것은 자아, 자기-의식이기보다는 오히려 타자가 되며, 타자는 자유로운 나의 참여와 선택 이전에 이미 나를 소환하고 있다. 이것은 "타자를 위한 책임은 모든 현행의 현재, 재현적 현재를 넘어선다. 타자를 위한 책임은 시작이 없는 시간 속에 있다"라는 레비나스의 함축적인 말을 통해서도 지지된다.

시작-없음, 근원-없음, 아-나키an-archie, 재현으로 취합되는 것의 거절과 같은 방식으로 제시되는 시간성은 그것의 고유한 방식으로 나와 관련된다. 레비나스는 이를 시간의 '경과'라 부른다. 경과로서의 시간, 흐르는 시간에 대하여 인간은 어떤 영향력도 발휘할 수 없으며, 가능한 주도권도, 또는 어떤 작업을 가할 수도 없다.

표상적 자아의 능동적 종합과 대비되는 이 같은 관계를 레비나스는 수동적 종합[13]이라고 부른다. 그것은 구체적으로 늙어 감, 노화와 같은 것이다. 늙어 감은 현재, 재-현으

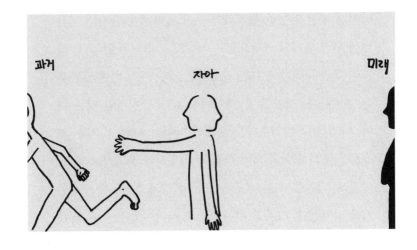

김선우, 시간의 통시성: 과거는 이미 지나갔고 미래는 미지의 것이다
(종이에 마카, 비정형, 2015)

자의식은 늘 현재에 있다. 현재하는 자의식은 과거와 미래까지도 능동적으로 현재화하고 자 한다. 그러나 시간을 현재화하는 것은 불가능하다. 그림에서 보듯이, 지나가 버린 과 거를 현재성으로 끌어오려는 시도를 할 수는 있지만, 그것은 생각 속에서만 가능하다. 한 장의 사진을 통해서 회상해 낸 행복한 추억이 있다 할지라도, 과거의 일들은 나의 기 억 속에서만 음미될 뿐 현재의 삶의 장 속으로 끌어오는 것은 불가능하다. 그림에서 보듯 이, 마치 흩어져 가는 바람처럼 과거는 현재에 잡아 놓으려는 자아를 아랑곳하지 않고 지 나가 버린다. 미래도 마찬가지다. 우리가 미래에 무엇인가를 기대하고 예측할 수도 있겠 지만, 우리는 미래의 일을 알 수 없다. 그림에서 보듯이, 현재에 있는 우리는 미래를 향해 선뜻 손을 내밀지 못하고, 주춤거리며 머뭇거릴 수밖에 없다. 알 수 없는 미래이기 때문 에 우리는 미래를 통제하거나 설계할 수 없다. 레비나스는 『전체성과 무한』에서 '미래는 타자로부터 온다'고 선언한다.

로부터 비가역적으로 빠져나오며, 세월이 흐를수록 폭발한다. 시간을 되돌릴 수 없음 즉 불가역성不可逆性, irreversibility이다. 시퍼렇게 살아 있는 자의식의 자기에로의 현전 대신에 노쇠해짐이 있다. 돌이킬 수 없이 사라지는 시간들, 기억이나 회상과 예견에도 불구하고[14] 흩어지고 소실되는 시간의 통시성diachronie이 우리와 관련되는 방식은 우리에게 노쇠함을 가져다주는 것이다.

이제 우리는 신체성의 주체로서 불가피하게 시간의 통시성에 직면해 있다. 통시적 시간성 속에서 신체성의 주체는 더 이상 자신의 동일성을 유지해 갈 수 없게 된다. 즉 동일성의 해체에 직면하게 된다. 늙어 가는 신체성의 주체성은 모든 의지의 밖에서 회복 불가능하게 경과하는 시간성의 지배 아래 놓이면서 지향성과는 다르게, 또는 대립해 있다. 주체의 수동성은 육체 속에서 엄습한다.

---

13 *Autrement qu'être ou au-dela de l'essence*, p.66.

14 기억을 통한 시간의 회복에 대한 회의는 들뢰즈에게서도 보인다. 그는 "기억은 자신에 고유한 〈시간의 공간(l'espace de temps)〉속에 특수한 경우들을 보존하면서, 그것들을 분명한 것으로 재구성한다. 과거는 직접적 과거가 아니라 재현(표상)의 반성적 과거이며, 완성된 그리고 재생산된 특수성이다"라고 말한다.

능동적 자아의 '이면에서처럼' 웅크리고 있는 주체의 인내 속에서 늙어 감의 인내는 자신의 죽음에 대해 취하는 입장이 아니라 일종의 피로함이다. 즉 수임受任, assomption을 갖지 않은 것에 대한 수동적 노출로서 보이지도 않고, 조숙하며, 폭력적인 죽음에로의 노출이고, 피로함이며 또는 좌절인 것이다(109).

　신체의 수동성은 우리의 육체 속으로 엄습해 오는 수동성, '가장 수동적인 수동성, 떠맡을 수 없는 것'으로 설명된다. 이는 전통적으로 존재론적 질서에서 이성적 능동성에 대한 감각의 열등성의 단면으로서 받아들여진 전통적 의미의 수동성과는 전혀 다른 의미를 함축한다. 또한 이미 표상, 주제화를 위한 수동성과도 구분된다. 서구의 뿌리 깊은 수동성에 대한 폄훼나 불신과는 다르게 레비나스는 '어떤 수동성보다도 더 수동적인 수동성'의 측면이 인간들의 삶에 부과해 주는 요소들을 드러낸다.
　레비나스는 우리의 신체성이 지닌 수동적 본질 속에서 억압받는 이들을 위한 책임의 가능성이 있다[15]고 한다. 시

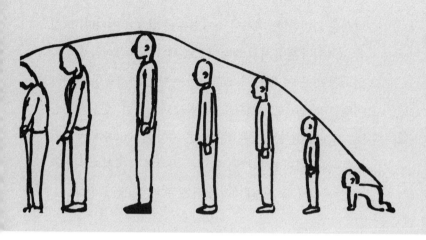

김선우, 시간의 지배를 받는 몸: 동일성으로부터의 일탈

(종이에 마카, 비정형, 2015)

사람들은 자기 자신을 무엇이라고 생각할까? 사람들은 자신의 모습을 거울이나 사진을 통해서만 볼 수 있다. 그리고 다른 사람들에 대한 기억은 그에 대한 기념비적인 사진이나 초상화를 통해 기억한다. 그러나 그러한 사진이나 초상화를 통해 기억되는 그/그녀는 과연 바로 그/그녀가 맞는 것일까? 이 그림에서 보듯이, 기어 다니는 어린아이로부터 청년기를 거쳐 장년을 넘어가 노년으로 변화해 가는 몸은 우리의 신체성이 시간의 흐름을 거스를 수 없다는 것을 단적으로 보여 준다. 우리는 멋진 사진이나 초상화에서 보는 것과 동일한 모습이 지속되든지, 그것이 반복되기를 소망한다. 그러나 그림에서 보듯이, 우리의 몸은 정지상태가 아니다. '시간 앞에 장사 없다'는 우리의 속담처럼 우리는 시간의 지배를 받는다.

간의 지배를 받는 몸의 신체성은 곧 인내, 감성, 고통의 절박성을 의미한다. 여기서 절박성은 중립성이 아니다. 그것은 행복이나 향유처럼 직접적으로 체감되는 감성적 고통의 절박성이다. 자기를 거스르는 것은 단순한 겪음이 아니라 어떤 의미에서 겪음보다도 더 힘들고 불행한 것을 의미한다. 그것은 행복과 향유를 누리는 자아의 에고를 방해하기 때문이다. 거리를 유지할 수 있는 자아의 냉정성과는 정반대인, 무심하게 냉정해지지 못하는 주체는 고통스럽다.

2. 마음psychisme의 주체성

앞에서 우리는 인간에게 있어서의 몸의 함축적 의미를 살펴보았다. 서구의 사유전통에서 몸-마음은 이원론, 관념론, 유물론, 양면이론, 현상학적 관점 등에 따라 그 이해가 조금씩 또는 근본적으로 달라졌던 것 같다. 여기에서 이들 각각의 이론들을 살펴보는 것은 무리하므로, 몸과 마음에

---

15 *Autrement qu'être ou au-dela de l'essence*, p.91.

관한 서구적 사유의 특징을 잘 드러내는 이원론적 사유를 간략히 살펴본다. 그리고 이들과 다르게 제시되는 레비나스의 '마음의 주체성'의 의미를 살펴본다.

이원론에서는 마음mind과 물리적 대상physical objects을 구분하고, 마음은 순수하고, 심적이고, 비물질적이며, 정신적인 실체로 규정하며, 물리적 대상은 물질적이며, 심적이지 않고, 공간적으로 연장된 실체로 규정한다. 이런 입장에서는 어떤 마음도 물리적 대상이 아니고, 어떤 물리적 대상도 마음이 아니라는 결론이 나온다. 이원론적 관점에서 보면, 사람은 마음과 신체로 구성되어 있다. 더 정확하게는 본질적으로 마음이지만, 우연적으로는 신체라고 주장한다.[16] 이와 같은 심신이원론mind-body dualism의 대표적 인물들로는 우선 플라톤, 데카르트 등을 들 수 있다. 이 글에서는 논의의 편의상 서구적 사유의 원형이라 할 수 있는 플라톤적 사유에 견주어 레비나스의 생각을 살펴본다.

플라톤은 영혼을 태어나기 전에 형상과 직접적으로 접촉

---

16 스티븐 프리스트, 박찬수 외 역, 「마음의 이론」, 고려원, 1995, 11쪽.

하거나 소통하였으나, 태어날 때 감각 대상과 직면하면서 망각으로 인해 무지상태로 빠져들게 되는 것으로 설명한다. 『파이돈』에서 전개된 영혼의 불멸성에 대한 논변에서, 마음과 몸의 문제는 결국 죽을 때 영혼이 흐트러지는가 불멸하는가에 관한 것이다. 즉 영혼이 파괴될 수 있는가 그렇지 않은가의 문제이다. "영혼이 신체 밖으로 나갈 때 바람이 영혼을 날려 보내고, 흐트러뜨릴까봐 당신은 아이들처럼 두려워한다"[17]라고 소크라테스는 말한다. 이 문제를 다루는 방식은 주로 영혼과 신체의 속성에 관한 물음으로 전개된다. 만약 영혼이 신체가 갖지 않은 속성을 갖는다고 판명된다면, 영혼은 신체와 다르다는 것은 사실이 된다. 그렇다면 어떤 것이 파괴되고 흐트러질 수 있는가? 복합적인 것, 다른 부분들로 만들어진 것은 파괴될 수 있지만, 비복합적인 것은 파괴될 수 없다. 즉 복합될 수 없는 어떤 것이 존재한다면, 그것은 분해되지 않는다. 그리고 비복합물은 항존적이거나 변화하지 않는 실재물이며, 실재물은 비가시

---

17 『파이돈』, 위의 책 재인용, p.26.

적이며, 만져질 수도 없는 실재물이라는 설명이 부과된다.

이런 변화하지 않는 사물의 예로서 소크라테스는 존재 그 자체, 아름다움 그 자체, 평등 그 자체를 든다. 여기서 그 자체는 현상의 형상을 지시한다. 소크라테스는 영혼이 어느 범주에 속한 것인지 논변한다. 그에게서 영혼은 신적 이고, 불멸이며, 지성적이고, 단일하며, 분해할 수 없고, 분 화하지 않으며, 그 자신에 대해 항존적인 것과 유사하다. 그리고 신체는 인간적이고, 가시적이며, 비지성적이고, 분 해될 수 있고, 자신과의 관계에서 항존적이지 않은 것과 유 사하다.[18]

이 같은 논변에 의거할 때, 플라톤은 인간 영혼의 속성을 '비복합물로 항존적이거나 변화하지 않는 실재물로서, 소 멸하지 않으며, 분해되지 않는 단일한 것'으로 규정한다고 볼 수 있겠다. 여기서 우리가 '영혼이란 무엇인가'라는 물음 을 제기하는 것은 논의의 방향을 흐릴 수 있고, 쉽게 대답 할 수 있는 문제도 아닐 것이다. 그러나 인간의 영혼을 변

---

18 『마음의 이론』, 26쪽.

화하지 않는 단일한 것으로 보는 관점은 삶의 일면을 잘 설명해 주는 측면도 있겠지만, 그와 반대로 현실적으로 많은 문제를 야기시키는 측면도 있음을 주목해야 할 것이다.

레비나스는 플라톤의 『파이돈』을 인간 죽음의 문제를 다룬 훌륭한 책으로 평가하였지만, 인간 영혼의 유일무이한 단일성에 관한 논변은 플라톤과는 전혀 다른 방식으로 진행시킨다. 레비나스에게서 인간 영혼의 단일성은 분해될 수 없음에서 성립되기보다는 오히려 '내 안의 타자'와 같은 일종의 복합성 속에서 성립한다.

엄밀하게 말하자면, 레비나스가 말하는 영혼, 마음 psychisme은 자신에 대해 항존적이거나 일치를 시도하는 것과는 거리가 멀다. 오히려 마음은 자신과의 일치를 방해받게 되는, 자신의 휴식을 빼앗긴 동일자로서 타자에 대해 책임을 지고 헌신하는 자아의 상태를 설명한다. 그러나 이 같은 마음의 정체성이 타자로부터 소외되고 노예화되는 자신의 포기를 의미하는 것은 아니다. 오히려 인간의 유일무이하게 단일한 주체의 정체성은 타자를 위하는 자에서, 타자에 의한 것으로부터 형성된다고 볼 수 있다. 그것은 타자의 지정을 회피할 수 없음, 나의 응답을 다른 이에게로 미룰 수 없음을 의미한다. 그것은 내가 타자를 선택하였기보다는 타자의 고통에 노출된 자로서, 타자에게 사로잡혀 선택된 자, 지목받은 자로서 출두하는 자다. 나의 단일성은 지명된 자로서의 회피불가능성, 대체불가능성에서 성립한다. 이는 선험적 주체성의 주체가 아닌 회피불가능하게 지정되어 출두하게 된 유일무이한 나, 회피불가능하게 내몰려 소환된 나인 것이다.

내가 나타나는 방식은 출두comparution이다. 나는 회피할 수 없는 지명의 수동성 속에 있는 목적격의 자아soi에 자리한다. 보편적인 것의 특수한 경우로서가 아니라 Moi의 개념의 moi. 그러나 일인칭으로 말해지는 moi로서, 나의 종에서 유일한 나Je. … 책임의 나가 아니라면 어떤 것도 유일한 것은 없다. 즉 개념에 저항하는 것은 없다. 이 같은 moi의 유일성, 바로 나의 유일성은 본성 또는 자신의 성격의 독특한 성향과 관계 있는 것이 아니다. 의미화에서 나는 유일한 것으로 뽑혀진다. 책임의 말함은 자아 속에 남지 않고 자신의 정체성

너머에서 타자를 위해 자신을 대속하게 되는 회귀 속에 노출되는 일자가 자신의 유일성을 드러내는 유일한 방식이다. 이같은 평화의 불안, 결코 충분하지 않은 근접성이 주체성의 날카로운 유일성이다(261).

인용문에서 알 수 있듯이, 비록 인간주체성의 유일무이한 단일성을 말할지라도, 이것이 곧 그의 굳어진 정체성을 의미하는 것은 아니다. 왜냐하면 주체성은 자기 속으로 숨어드는 은둔처를 뿌리치고 나와서 타자를 대속하기 때문이다. 다른 사람에 대한 책임에서 대체될 수 없이 유일한, 그리고 회피 불가능한 나의 책임성에서 어느 누구로도 대신될 수 없는 자로서 유일성을 부과받게 되는 주체성은 자기혁신을 겪는다.

레비나스는 타자를 위하는 자는 자기에로 눌어붙어 있지 않은, 생기animation가 불어넣어진 육체의 무게에 상응한다고 말한다. 원리, 로고스, 남성성에 동화되는 생명원리 등과 같은 비유로는 설명될 수 없는 생기animation는 타자에의 노출로서의 생기를 의미한다. 생기가 불어넣어진 몸, 육화된 정신성은 차마 냉정하지 못함non-indifférence이다. 타자를 위하는 자, 타자에게 경청하고 관심을 기울이면서 타자의 요청에 반응할 수 있는 민감성을 지닌 자는, 자신에게로 침잠되어 위축되지 않고, 타자로 말미암아 새로움, 활기, 생기를 얻게 된다.

타자가 초월을 나타내는 것은 ─ 또는 좀 더 정확하게 단도직입적으로 타자가 의미하는 것은 그가 전례 없이 새롭다는 것 때문이 아니다. 초월과 의미형성이 있는 것은 새로움이 바로 타자로부터 다가오기 때문이다. 존재 속에서 새로움, 존재와 다름을 나타내는 것은 타자에 의해서이다(333).

새로움은 타자로부터 온다. 존재 속의 새로움, 존재유지와 다름을 나타내는 것은 타자에 의해서다. 『대학大學』에서 '날마다 새롭게'라는 의미를 나타내는 아름다운 말인 '일일우일신日日又日新'이 레비나스에게서는 타자로 말미암아 가능해진다고 할까? 마음의 주체성에서 타자가 동일자에게 불어넣는 영감inspiration이 발생한다. 마음의 주체성은 감성, 민

감성으로써 타자를 위하는 자, 수동성, 영감에 이르는 수동
적인 순수 민감성, 혼에 의해 고무되는 육체의 메타포, 자
신의 입 속의 밥알을 내어 주는 것과 같은 마음, 어머니의
몸과 같은 것,[19] 동일자-속의-타자성으로 설명할 수 있다.

이제 우리는 인간 영혼에 대한 레비나스적 설명의 애매
성에 직면하였다. 그것은 전통적 의미의 단일성은 아니면
서도 유일무이성을 지닌 것, 다양체가 아니면서도 다양체
인 것으로 단일하면서도 복합적인 것이라고 볼 수 있을 것
이다. 앞에서 살펴본 바와 같이, 여기서 복합적인 것은 나
와 나의 외부성과의 관계로부터 불가피하게 형성되는 것
이다.[20]

---

19 *Autrement quëtre ou au-dela de l'essence*, p.110.
20 이런 식으로 해명되는 인간 영혼의 단일성에 관한 레비나스적 의미는 인간
   의 다양체(multiplicité)성을 설명하기 위하여, 단일성(unicité)에서 하나를 뺀다
   는 의미에서 n-1의 기호로 설명하는 들뢰즈·가타리 등의 관점과도 매우 다
   름을 알 수 있다. 이들 두 사람은 일자로부터 도출되는 다수도 아니고, 일자
   가 더해지는 N+1로 되는 다수도 아닌, 리좀형 다양성을 언제나 일자가 감해
   지는 다양성이라는 의미로 N-1로 나타낸다. Gilles Deleuze & Félix Guattari,
   A thousand plateaus—capitalism and schizophrenia, trans. Brian Massumi, univ.
   Minnesota, 1987, p.21.

3. 비표상적 감관과 감성의 주체성[21]

서구철학의 관념론적 사유에서는 인간의 감성적 경험과 직관의 근저에 있는 감관까지도 관념이나 명료성으로 축약시키곤 한다. 예컨대 스티븐 프리스트에 의해 경험론적 관념론자로 분류되는 조지 버클리George Berkeley는 관념 외에 물리적 대상은 존재하지 않는다고 주장한다. 경험론적 입장에서 모든 지식은 오감의 사용을 통해 습득된다고 보지만, 나아가 경험적 사유도 관념론에 이르러야 한다는 것이 그의 주장이다.[22] "존재는 지각되는 것이다"라는 그의 슬로건이 말해 주듯이, 어떤 것이 존재한다고 말하는 것은 그것이 지각되거나 지각될 수 있다는 것을 의미한다. 그러나 보다 엄밀하게 말하자면 레비나스가 말하듯이, 여기에서 물질은 결코 직접 지각되지 않고, 그럴 수도 없다. 왜냐하면 '우리는 우리의 관념만을 지각하기 때문이다.'

---

21 이 장은 졸고, 「레비나스의 양심론」을 토대로 하여 수정 보완한 글임.
22 『마음의 이론』, 107쪽.

레비나스는 '우리는 우리의 관념만을 지각한다'는 버클리의 관념적 감각론에 대하여 대상의 감성적 질들을 검증된 내용으로 축약시키면서, 느끼는 것에 의한 느껴지는 것의 소유로 의식의 내재적 본질을 확인하고 있는 것으로 평가한다. 뿐만 아니라 우리가 개념에 대립시키는 직관은 이미 개념화되어진 감성에 속하게 된다고 본다. 그래서 감성적 경험, 감관, 직관 등을 관념적으로 해석하는 문제가 발생한다는 것이다. 육화된 감성의 주체성, 살과 피의 자아, 온몸으로 느끼는 감성의 직접성은 추상적 자의식에서는 억압되거나 무의미한 것으로 평가절하되었다.

감성을 감관에 의해 받아들이는 역할로 축소한 전형적인 경우는 존재론적인 인식형이상학gnoséologique의 경우다. 『순수이성비판』에서 매우 정교한 인식론적 도식을 보여 주는 칸트의 경우, 인식은 감관을 전제한다. 우리가 인식할 수 있는 것은 모두 감각기관에 소여된 자료datum들에 한한 것으로, 감각에 주어진 것만 인식할 수 있다는 것이다. 그리고 감각자료는 시간과 공간이라는 감성의 형식에 제약을 받는바, 지금 여기 현재에 있는 것과 시각적 지평 안에 들

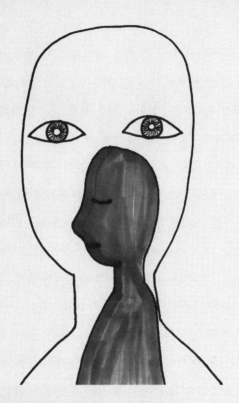

김선우, 관념론적 감각론: 우리는 우리의 관념만을 지각한다
(종이에 마카, 비정형, 2015)

관념론적 사유에서 감각은 자신의 고유한 기능을 박탈당한다. 이성적 사유의 도식화된 공식에 의거해 분류될 수 있는 자료들만을 접수하도록 허용될 뿐이다. 그래서 외부로부터 가해지는 충격, 완전히 새롭게 다가오는 경험들, 또는 내가 기꺼이 원하지 않는 외부적 요구들은 적절히 차단된다. 그리고 상처받기 쉬움, 민감성과 같은 외부와 접촉하게 되는 예민한 촉수들은 무디게 된다. 그래서 눈 뜬 장님처럼 뻔히 보고도 못 본 척 외면하는 경우가 있고, 쇠귀에 경 읽기처럼 아무리 말해도 못 알아듣고, 타인이 곤경에 빠진 상태를 보고도 반벙어리처럼 남을 위해 입 한번 벙긋하지 않는 경우가 생긴다.

어오는 것만 인식할 수 있는 것이지 스쳐 지나간 것이나 미래의 것 또는 보이지 않는 것까지 우리가 인식할 수는 없다는 것이다. 그래서 신이나 영혼 같은 것은 인식론적 대상이 될 수 없다. 그렇다면 감각에 제시된 것은 모두 인식되는 것인가? 그렇지 않다. 왜냐하면 인식기관인 오성은 엄격한 분류도식으로 12개의 카테고리를 가지고 있기 때문이다. 말하자면 12개의 범주에 들지 않는 것들은 파악되지 않는 것이다. 마치 빨주노초파남보라는 무지개 스펙트럼으로만 색상을 구별하게 되면, 진주색이나 청홍색이 걸리지 않는 것과 같다. 이런 인식론적 구조에서는 인식의 주도권이 이미 형식적 논리적인 범주, 오성의 범주, 도식, 카테고리에 넘겨진다. 여기서 감각자료들은 단지 인식을 위해 소여된 자료로서 소여된 것뿐이며, 감관은 인식을 위한 자료의 접수처로서 수동적이고 부차적으로 기능할 뿐이다.

문제는 삶의 많은 문제들이 오성의 범주와 무관하며, 오성의 카테고리에 걸리지 않고 빠져나가 인식론적 자아에 접수되지 않는다는 점이다. 직접적인 것과의 단절, 추상의 특징을 지닌 지식의 과정에서 감성의 직접성, 상처받기 쉬운 예민함Vulnérabilité은 억압되었다. 체감, 미각, 후각적 감관은 의식의 주제화 과정에 제공되어 소여된 것으로 취급되어 버린다. 감각 기관은 이론적인 인식의 도식에 따라서 내재적으로 구성되는 한에서만 그 의미를 부여받는다. 에드문트 후설Edmund Husserl은 '어떤 것에 대한 의식'으로서의 주체성에 관하여 말하면서, 의식의 지향성의 구도를 통해 사유와 이해의 구조를 해명하고자 한다. 그는 심지어 정서적인 것도 일종의 정보로 취급하며, 지향성 속에서의 인식과 이해의 우선성을 주장하게 된다. 후설이 강조하는 의식의 지향성은 외부대상으로 향해 있지 않고, 사태 그 자체의 본질을 직관하고자 한다. 하지만, 여전히 인식의 근원, 기원, 원리가 되는 것은 자아의식이다. 즉 현상은 의식에 의해 파악되는 대상을 칭하는 것으로, 대상을 파악하는 주체의식은 여전히 대상에 대한 주도성을 유지하고 있다.

그러나 레비나스는 자아 외부에 있는 존재자들은 자의식적 원리와 무관하게 그 스스로를 표명할 수 있으며, 인식론적인 표상적 자아에 앞서 이미 감성에 직면해 있다고 보는 것이다. 그래서 비표상적 감관의 의미를 묻게 된다. 비표상적 감관이라는 자못 난해한 의미를 규명하기 위해서는 먼저 이 말의 의미를 명확히 해 둘 필요가 있겠다. 우선 비표상非表象, non-représentation은 '표상이 아닌'이란 의미이다. 그러므로 먼저 표상의 의미를 규명해야만 표상이 아닌, 비-표상의 의미가 제대로 드러난다고 볼 수 있겠다.

표상이란 무엇인가. 표상이란 말은 불어·영어 représentation, 독일어 vorstellung을 번역한 말로, 최근에는 재현再現이라는 말로 번역되기도 한다. représentation이란 글자를 보면, 이 말이 re와 présentation이 합쳐진 말이란 것을 알 수 있다. 접두사 re는 다시, 再의 의미를 함축하고 있다. présentation은 présent와 연관된 말이라는 것을 알 수 있다. présent는 시간에서 현재를 가리키는 말이기도 하며, 눈앞에 즉 지금, 여기에 있는 것, 출석함을 의미하기도 한다. '눈앞에 나타나 있음' 즉 현전은 présence의 번역어다. 요컨대 표상이란 말, 즉 représentation은 '再(다시)'를 의미하는 re와 눈앞에 현재함을 의미하는 présent를 합한 것이다. 그러므로 re-présent는 다시 현재함을 의미한다. 이런 측면에 주목하여 표상보다는 재현再現이라는 말이 더 자주 쓰이기도 한다. 어쨌든 재현은 다시-현재함인데, 실제적으로 어떤 것을 '다시 눈앞에 나타나게 함'은 불가능한 것이다. 단지 머릿속에 떠올려 어떤 것에 대해 이리 저리 생각하는 것으로, 우리는 어떤 것을 단지 '표상하거나, 재현'할 수 있을 뿐이다. 즉, '지금, 바로 여기에 있어 생생하고 직접적인 현재하는 것présent'과 달리 표상은 '다시 생각해 봄'인 것으로 이미 관념적인 것이다. 부재한 대상을 이렇게 다시 떠올리는 것은 사유에 의해서 일어나는 것이고, 이 과정에서 주체의 개입 내지는 조작이 불가피하게 된다. 이런 것은 표상의 주체, 정확하게 자의식conscience de soi, 즉 에고에 의한 전권 행사라고 볼 수 있으며, 이를 레비나스는 자아의 전체성, 동일자의 제국주의impérialisme du Même라고 부른다.

인간의 감관이나 정서를 인식론적으로 접근하여 이해하게 될 때, '어떤 것에 대한 의식'과 연관된 감성은 주제화되는 요소들의 공시성共時性, synchronie, 시각의 동시성에 입각하여 관념과 직관으로 축약된다. 그러나 지식이나 존재론은 감성에서는 이차적인 것이다. 감성적 경험과 직관의 근저에 있는 감관은 관념이나 명료성으로 축약되지 않는다

김선우, 표상: 의식의 능동성에 의한 그러나 자아의 제국주의인
(종이에 마카, 비정형, 2015)

서구철학에서 자의식에 의한 이성적 사유, 즉 표상은 외부성에 의존하지 않기에 자율성과 능동성을 지닌 것으로 존재론적 질서에서 매우 높은 자리를 차지한다. 심지어 도덕의 전제조건인 양 논의되기도 한다. 그런데 레비나스는 자율성과 자의성을 구분할 것을 요구하면서, 표상적 사유를 자아의 제국주의로 규탄한다. 표상적 사유의 핵심은 구체적인 것을 추상화하는 과정에서 에고에 의해 대담한 축약, 환원이 행해진다는 것에 있다. 레비나스는 자율성의 개념도 문제시한다. 문자 그대로 타자와의 관계에서 자기가 정한 규칙 즉 자율성은 그 자체로 도덕성을 담보하는 것은 아니며, 다분히 자의성을 지닐 수도 있을 것이다. 우리는 종종 자주(自主), 자율(自律)과 자조(自助)를 혼동하는 듯하다. 자기가 규칙을 정해서(自律) 주체적으로 하는 것(自主)과 스스로 돕는 것(自助)은 동의어가 아니다. 스스로 돕는다는 것에는 자주성과 도덕성이 모두 함축되어 있다. 그러나 자주나 자율은 가치중립적 용어이고 자조에는 도덕성이 함축되어 있다. 주도적으로 어떤 규칙을 정해서 무엇인가를 하는 것과 스스로 돕는 것은 전혀 다른 것이다. 자신의 판단하에 규칙을 정해 자기 주도적으로 남에게 주먹질을 하거나 노인의 짐을 들어 줄 수 있기에 자주적이고 자율적인 능동적인 행위라고 모두 선한 것은 아니다.

(125). 향유와 고통의 감각은 지식으로는 드러낼 수 없으며, 감관은 개념 밖에서 그 고유한 의미를 지닌다. 그러므로 감성적인 것의 의미화와 주제화되는 것 사이의 간격을 드러내는 것이 중요하다. 상처받을 수 있음, 상처받기 쉬운 것인 감성은 존재론과는 다른 의미를 드러내며, 본질 저편au-dela de l'essence의 의미에로 존재론을 종속시킨다. 레비나스는 이 문제를 '비표상적 감관은 주제화하는 어떤 것에 대한 의식과 마음을 동일시하기에 앞서 마음을 드러낸다'는 말로 잘 요약한다.

그러나 감성은 기쁨에로의 노출이자 고통에로의 노출이다. 인간은 감성의 주체이기에 기쁠 수도 고통스러울 수도 있다. 감성을 지니지 않은 무감각한 존재라면, 그는 고통과 기쁨의 밖으로 놓이게 될 것이다. 기쁨이면서 고통인 것. 기쁨, 향유, 누림, 고통, 헐벗음, 배고픔, 목마름과 같은 말들은 삶의 행복과 고통을 함축한다. 무엇이 삶의 행복이고 고통인 것일가? 아리스토텔레스가 인간의 최고의 행복을 이성적 능력의 최고수준인 관조와 연결시킨 이후, 서구의 주지주의적인 철학적 전통에서 행복은 다분히 관념적으로 이해되어 온 측면이 있다. 그러나 레비나스는 행복을 몸적 삶과 연결시킨다. 쾌적하고 따뜻한 카페에서 아이스크림을 넣은 아보카도 커피 한 잔을 마시면서 컴퓨터 자판을 두드리며 쓰여진 글을 읽고 또 읽으면서 글을 다듬어 가는 즐거움은 미각뿐만 아니라 손과 어깨와 허리와 같은 신체적 감각의 활용과 건강을 요구한다. 따뜻하고 맛있는 음식을 먹고 싶은 욕구와 먹는 입을 통해 느껴지는 만족감은 미각과 연결되고, 조성진이 연주하는 쇼팽의 아름다운 음악을 귀 기울여 들으면서 우아함, 고결함, 노스탤지어를 느끼는 것은 청각을 통한 삶의 축복이고 기쁨이라고 할 수 있을 것이다. 행복과 누림은 이 세상의 아름다움을 누릴 수 있는 감각과 감사 속에서 만끽된다.

감성적 존재는 희노애락에 무감각한 존재이기보다는 이 세계로부터 분리되어진 하나의 개체적 존재이다. 감성적 존재로서 인간이 누림과 향유의 만족스런 기쁨을 지니는 이면에는 삶에 필요한 욕구를 충족하지 못하게 되는 것에 대한 불안과 고통이 있다. 즉 인간 존재는 그 자신의 감각의 만족으로부터 누리게 되는 향유의 기쁨과 충족되지 못한 욕구의 고통을 갖고 있다. 인간의 체감적·미각적·후각적 감관은 근원적으로 고통, 맛, 향에 관한 지식에 관련된 것으로 제한될 수 없다. 이와 같은 앎은 오히려 철학을 위한 기원에 해당되는 것으로, 대상에 대한 인식과 관련된 것 안에서는 감성적인 것의 의미를 온전히 이해할 수 없다. 이미지 너머에, 모든 반성에 앞서 있는 향유는 자기에게로 돌돌 말리면서 자아의 개별화singularisation를 드러낸다.

그러나 감성은 동시에 타자의 근접성, 가까움에 연관되는 것으로 의식의 활동이나 의식에 의한 조작으로 묶여져 한정될 수 없다. 감성적 존재에게서 타자를 위함은 추상과 인식이 아닌 향유적 삶의 손실을 의미한다. 타자를 위함, 타자를 위한 출혈은 충만한 향유의 달콤함을 빼앗는 것과 같다. 나의 달콤한 향유를 놓치는 것은 나 자신을 거스르는 것이지만, 단순한 겉치레의 친절, 애정과는 분명히 구분된다. 자신의 의지에 반함, 즉 자신의 의지를 거스르면서 (자기를 극복하면서), 나로부터 탈취해 내는 것. 이것은 향유적 자아의 만족함을 뺏어 냄, 손안에 쥔 사탕을 내주는 것과 같은 것으로 살과 피를 지닌 감성의 존재자들 사이에서 타자를-위함의 의미이다.

감성은 타자의 고통으로부터 등 돌리지 못하고 마치 그의 고통에 전염된 듯한 민감성으로 자아 자신을 흐트러뜨리고 당혹케 한다. 이것은 타자에게 노출되어진 주체가 받게 되는 수동성 또는 상처를 인내하는 것을 의미한다. 타자에로의 노출로서의 감성은 어떤 수동성보다도 더 수동적인 수동성을 의미한다. 이것은 무기력, 상태의 지속의 의미로서의 수동성이 아니라 오히려 어떤 지속성 속에서 보호되지 않는 것, 챙김-없이-제공되는-것un avoir-été-offert-sans-retenue을 의미한다. 레비나스는 이것을 타자에게 주기 위하여 자신의 입속의 빵을 뱉는 것과 같은 것으로, 자아의 핵이 축소되는 것으로 타자의 고통에 대한 민감성으로부터 자신의 향유의 누림을 포기하는 전환récurrence, 자기에게로 돌돌 말리는 실타래의 감김 같은 이기적 운동으로부터 인내와 고통의 수동성 속에서 자신의 실타래를 푸는 것이라고 말한다. 이러한 전환 속에서 감성의 자아는 타자의 필요를 돌봄, 타자의 불행과 실수에 대한 배려, 나눔 속에 있게 된다.

제3장
감성과 타자

방금 이 배우는 단지 허구 속에서,

격정의 꿈속에서 제 영혼을 상상에 따르게 하고

그 결과 안색은 온통 핼쑥,

두 눈에는 눈물, 얼굴에는 넋 나간 표정,

갈라진 목소리에, 온 신체기관이 상상에 맞춰

여러 형상을 짓다니?

더구나 이 모두가 있지도 않은 것!

헤쿠바[23] 때문에!

---

23 헤쿠바는 유리피데스(BC 484?-406)의 『헤카베』에서 등장하는 비극적 인물이
   다. 그녀는 트로이 전쟁의 원인이 된 파리스, 영웅 헥토르, 목마의 계략을 예
   언한 카산드라의 어머니이다. 그러나 전쟁 포로가 되어 그리스로 끌려가는
   길에 마지막으로 하나 남은 딸마저 희생되고 많은 재산을 넘겨 주고 맡긴 마

헤쿠바가 그에게, 그가 헤쿠바에게 무엇이기에,

그녀 때문에 그가 우는가?

— 『햄릿』[24]

1. 근접성과 인도성

'나는 생각한다. 그러므로 나는 존재한다'와 같은 '사유하는 실체thinking substance'의 개념은 자아, 의식으로부터 기원, 시작, 원리, 아르케를 부여하는 서구적 사고방식을 단적으로 보여 준다. 레비나스는 이와 같이 이해되는 일자와 내가 책임져야 할 타자 사이에는 어떤 공동체의 기저가 없이 서로 간극이 벌어져 있다(309)고 말한다. 이런 말들은 이미 자아가 자신만 걱정한다는 것을 전제한다. 이같은 전제는 자아의 외부에 있는 타자들이 자신에게 관련되어 있다는 것을 도무지 이해하지 못하는 것(223)이다. 사람들 사이의 냉담함과 무관심의 틈새는 점점 벌어져 급기야 "남이 나와 무

지막 아들마저 바로 그 위탁받은 자에게 살해된 것을 알고 고통 속에 개의 모습으로 변신하게 되었다.

24 http://saeumbook.tistory.com/789

슨 상관이야, 남이야 죽거나 말거나"라는 말이 나올 수 있다. "내가 동생의 파수꾼인가요?"라고 하나님의 부름에 따져 드는 카인의 대답과 같은 말들은 우리가 이미 자신은 자기에 대해서만 염려한다는 것을 전제할 때에나 성립한다. 실제로 이 같은 전제 속에는 타인과 같은 절대적인 자아-의-외부성이 나에게 관련된다는 것은 이해될 수 없는 것으로 남는다(223).

『레비나스 평전』에는 전쟁 포로로 JUD가 새겨진 옷을 입고 강제노동을 하던 당시 그들이 주변사람들로부터 분리되어 치욕을 당하던 상황이 나온다.

" … 포로 레비나스는 나무를 베는 사역을 맡았다. 그들이 일하러 오가는 것을 보았던 그 지역 주민들의 눈에 그들은 단지 유대인들, 즉 사형선고를 받은 자들 혹은 병균을 옮기는 자들에 불과했다. … [25] … 일하는 포로들이 나가고 들어올

---

25 Emmanuel Levinas, *Qui êtes–Vous?*, François Poirié와의 대담, Lyon, La Manufacture, 1987, 85쪽. 『레비나스 평전』, 177쪽 재인용.

때는 포로 수용소의 문에 묶여 있던 조그만 강아지 보비만이 반갑게 짖으면서 맞아 주었다. 이 강아지에게만은 우리가 인간이라는 것이 확실한 것이다."

포로수용소나 유대인 수용소 사람들을 보고 외부 사람들은 어떤 생각을 가졌던 것일까? 또한 외부인들에 대해 수용소에 분리된 사람들은 어떤 생각을 가졌을까? 포로 레비나스는 외부인들이 자신들을 인간으로 보지 않았고, 없는 사람 취급하고, 냉담하고 무관심하게 대하는 것에 대한 치욕감을 표현한다. 이들을 사람으로 대한 것은 강아지뿐이었다는 것이다.

곤경에 처한 사람들은 자신의 곤경에 대해 다양한 측면에서 생각할 것이다. 곤경에서 벗어나기 위해 신을 찾기도 하고, 곤경을 가한 사람에 대해서도 생각할 것이다. 또한 곤경을 보고 있을 그 밖의 다른 사람들에 대해서도 생각할 것이다. 레비나스뿐만 아니라 젊은 나치 대원이 죽어 가면서 유대인 학살에 자신의 행위를 용서받고 싶어하는 이야기를 담은 『해바라기』[26]의 저자인 시몬 비젠탈Simon Wiesentha

역시 이 점을 언급하고 있다. 극심한 고통을 겪는 불행한 사람들은 자신들에게 직접 고통을 가한 사람들에 대해서는 그들의 인간성을 기대할 수 없다 해도, 세상에는 많은 사람들이 있는데 그들의 무관심indifférence을 도무지 이해할 수 없다고 절규하는 것이다. 예를 들자면, 사람들이 많은 대로변에서 젊은 여성이 강도에게 맞고 있다고 가정할 때, 강도는 강도여서 때린다고 하지만 그것을 가만히 지켜보고만 있는 사람들은 어떻게 그렇게 무관심할 수 있는가에 대한 회의인 것이다.

참담한 전쟁 속에서 벌어지는 색출, 추방, 소개, 기아, 밀고, 제노사이드[27] 등과 같은 절망적 상황으로부터 조그마한 희망의 끈이 있다면 바로 사람들의 가슴 속 양심[28] 즉 자신의 위험을 무릅쓰고 다른 사람을 위하는 것에 있다고 할 수

---

26 시몬 비젠탈, 박중서 옮김, 『해바라기』, 뜨인돌, 2005.
27 유대인의 색출 및 말살 과정은 나치 2인자 아이히만에 대한 세계적인 전범재판 과정을 담은 『예루살렘의 아이히만』에 상세히 기록되어 있다. 한나 아렌트, 김선욱 옮김, 『예루살렘의 아이히만』, 한길사, 2006.
28 양심에 관한 레비나스의 논의는 다음 참조: 김연숙, 「레비나스의 양심론」, 『양심』, 진교훈 외 공저, 서울대학교출판문화원, 2012, 243쪽.

있다.[29] 실제로 우리는 이 세상에서 다른 이와 함께 산다. 우리는 다른 이가 있다는 것을 알고 있고 우리 자신이 다른 이에게 보여진다는 것도 알고 있다. 인간은 타자에로 노출되어 있는 존재이다.

인간은 혼자 사는 존재가 아니다. '나-너'의 철학자인 마르틴 부버Martin Buber[30]나 레비나스가 『전체성과 무한』을 헌정한 마르셀Gabriel Marcel이 강조한 존재들 사이의 상호성réciprocité은 인간의 자족성autarkia 개념을 강하게 비판한다. 자기만족적이고 자족한 존재라는 고전적 사유는 논리나 체계에는 적용될지라도 사람 사이에는 해당되지 않는다. 마르셀은 "한 존재와 이 존재가 필요로 하는 것 사이의 관계

---

29 "… 유대인이건 아니건 스스로의 모습을 볼 수도 없고, 알 수도 없는 최악의 혼란 속에서도 마치 세상이 무너지지 않은 것처럼 행동할 줄 알았던 사람들에 대한 기억, 자신들의 확신과 내면 이외에는 어떤 다른 동력도 가지고 있지 않았던 비밀 저항 대원들의 저항운동의 기억을 되살리면서 … 이것은 마치 불어오는 모든 바람을 막아 주는 양심의 오두막에 모든 인류의 인간성을 피신시켜야 하는 의무와 같은 것이다." 마리 안느 레스쿠레, 변광배·김모세 옮김, 『레비나스 평전』, 살림, 186쪽.

30 레비나스는 대표적인 유대인 철학자인 부버의 '나-너'의 대화 철학에 대해 저서 『주체 밖에서(hors Sujet)』에서 본격적으로 다루고 있다. Emmanuel Levinas, *Hors Sujet*, Montpellier, Fata Morgana, 1988.

는 어떤 조건하에서 정신적인 가치를 드러낼 수 있는가? 거기에는 상호성과 각성이 있어야만 할 것이다. … "[31]라고 말한다. 레비나스는 다른 이와의 관계에서 나-너 사이의 인격적 관계뿐만 아니라 제삼자le tier[32]와의 관계까지도 강조하고, 상호성과는 다른 비대칭적a-symétrie[33]이고 비상호적non-réciprocité인 관계성의 특징을 보여 준다.

특히 그는 타자에로 노출되는 인간존재들 사이의 근접성 proximité에 주목한다. 그는 근접성의 의미는 공간의 두 지점이나 두 지역을 좁혀 주는 것 같은 기하학적 의미를 함축하지만, 보다 본질적 의미는 휴머니티를 전제하는 것에 있다고 주장한다. 즉, 다른 이에게 다가가는 것, 다른 이와 이웃한다는 것, 교제를 나눈다는 것과 같은 인도성의 의미를 함축하고 있다는 것이다. 인접성이 단순히 가까이 인접해 있다는 것에 그친다면, 가족이나 주변인들과의 관계에 머물

---

31 E. M. Cioran, 「가브리엘 마르셀, 한 철학자의 초상화」, 『가브리엘 마르셀』, 302쪽, 『레비나스 평전』, 278쪽 재인용.
32 이에 대한 자세한 논의는 다음 참조: 김연숙, 『레비나스 타자윤리학』, 인간사랑, 2001, 170쪽.
33 『레비나스 타자윤리학』, 151쪽.

겠지만 사람들 사이에 작용하는 구체적인 인도성, 친밀함, 교제를 의미하기에 박애에 이른다. 다가섬, 접근은 박애 속에서 접근하는 것과 관련되며, 다가서는 주체성은 의식에 앞선 다른 이에 대한 우애 속에서 획득되는 것이라고 말한다(157).

근접성은 이웃에게로 다가가는 자의 영혼의 상태에 대한 성찰로 이끈다. 타자를 위하는 자의 근접성은 타자와의 접촉이다. 근접성의 주체는 다가가는 주체이다. 다가감은 자기자리를 지키면서 고요하고 안정감 있게 쉬는 주체가 아니다. 통상적으로 우리는 평화를 편안히 있는 것, 마음의 안정을 갖고 휴식을 취하는 상태로서 자기만족적인 안온한 상태로 이해해 왔다. 그러나 레비나스는 이와 같은 의미의 평화개념을 전복시킨다. 그의 논문 제목 「근접성과 평화」가 시사하는 바와 같이, 진정한 평화란 이웃의 근접성을 전제로 해서 정립되는 평화이다. 그래서 "평화를 인간 동일성의 단순한 확신으로, 안정을 형성하는 자유로, 자신의 동일성 속에 근거를 둔 존재의 휴식으로만 평가할 수 있겠는가?"[34]라고 단호하게 묻는다.

김선우, 함께하는 연대성 (종이에 마카, 비정형, 2015)

타자와 함께하는 근접성, 연대성, 박애는 나-너의 상호적 관계를 넘어선다. 성별, 나이, 인종을 넘어 절대적으로 다른 이들에게 다가서며 말을 걸고 환영한다.

어느 누구도 나를 대신할 수 없는 의무로 노출된 책임 있는 말함 속에서 나는 유일하다. 타자와의 평화가 무엇보다도 나의 일이다. 무관심하지 않음, 말함, 책임, 다가섬은 책임질 수 있는 유일한 자, 자아를 되찾음이다(60).

근접성의 주체는 대문을 걸어 잠그고 남을 염두에 두지 않은 채 자기 안에서 평안한 자족적인 주체와는 다르다. 오히려 타자에게 점점 더 가까이 다가서는 것으로써 타자에 대한 걱정으로 마음이 편치 않음이다.

근접성 속에서 우리는 이방인을 '유모가 젖먹이를 안고 있는 것처럼 내 품에'라는 성서에서처럼, '내가 임신한 것도 아니고 태어나게 한 것도 아닌' 절대 타자를 이미 품고 있다. 자기가 살던 곳으로부터 뿌리 뽑혀지고 어디에도 마음 편하게 정착하지 못한 채, 거처도 없이 떠도는, 추위와 배

---

34 Emmanuel Levinas, "Peace and Proximity," in *Basic Philosophical Writings*, ed., A. T. Peperzak, S. Critchley & R. Bernasconi, Bloomington and Indianapolis: Indiana university, 1996, p.165. 졸고, 「레비나스의 평화 윤리 연구」, 『국민윤리연구』 제63호, 한국국민윤리학회, 2006, 412쪽 재인용.

고픔 속에서 헤매는 바로 이러한 이웃의 무소속, 무국적성, 이방성이 나에게 떠맡겨진다. 마치 내가 그의 죽어야 하는 운명에 대해 책임져야 하고 살아남은 것에 대해 죄책감이라도 가져야 하는 것처럼 나의 책임을 명하면서. 어떤 의미에서 타자는 부담스럽고 귀찮은 존재일 수 있다. 그러나 타자를 환대해야 할 현재의 입장에서 그에게 무관심하고 냉정하다는 것(167, 173)은 그의 얼굴을 놓치는 것이다. 그리고 그에게 멀어지는 것이고 나의 이웃을 잃는 것이다.

2. 전-근원적인, 타자의 안-아르케

레비나스는 합리적 주체성에 앞선 감성적 주체성을 통해 인간존재의 의미를 새롭게 조명한다. 신체성을 지닌 몸적 존재에 기반을 둔 감성적 주체성으로서의 인간은 자기 보존 욕구의 이기성을 지닌 향유적 자아인 동시에 타자에로 개시되고 묶이는 더 큰 윤리적 구도 속에 위치한 존재이다. 타자에게 묶이는 사회적 관계성 내지는 윤리적 관계성은 인간의 신체성을 단지 그 자신에게만 관련된 것으로 이

김선우, 내가 임신한 것도 아니고 태어나게 한 것이 아님에도

(먹지에 색연필, 비정형, 2015)

마더 테레사는 한 애처로운 어린애를 품에 안고 있다. 테레사는 자신의 조국을 떠나 가난한 나라의 빈민가 사람들을 돌본 것으로 유명하다. 어떤 연고나 혈통, 인종과 같은 것을 염두에 두지 않는, 단지 불쌍한 것을 보면 즉시 일어나는 자애로운 마음(矜發, 긍발)이 그녀의 몸짓과 얼굴 표정에 묻어나고 있다. 동시에 아이를 향한 연민과는 대조적으로 그녀의 눈은 불의를 고발하며, 어린 생명체들을 죽어 가게 만든 전인류를 향한 질책을 담은 듯, 강개(慷慨)한 표정이다.

해하는 경우에는 받아들이기 어려운 것일 수도 있다.

미시마 유키오[35]의 다음의 말은 이 점을 잘 보여 준다. "정신은 육체 밖으로 인간이 나올 수 없다는 사실을 한 번이라도 지각한 일이 있을까? … 육체란 그렇게 존재 자체 이외와는 관계를 맺지 않는 것이며 존재외부의 것은 아무것도 터치하지 않습니다. …" 김홍중은 이런 세계관의 문제점을 "생물학적 육체에 못 박힌 존재로서의 인간이해"[36]라는 레비나스의 말을 인용하면서 다음과 같이 정확하게 짚어낸다. "육체의 외부로 정신이 한 걸음도 나올 수 없다는 것, 나의 육체는 세계와 나 사이에 존재하는 난공불락의 국경선이라는 것, … 그것은 타자와의 근원적인 단절감이다."[37]

레비나스는 몸을 지닌 인간존재로서 신체성의 스키마는

---

35 미시마 유키오는 히라오카 기미타케가 16세 때 출간한 『꽃이 만발한 숲』이라는 단편소설에서 사용한 필명이다. 미시마 유키오의 육체와 정신에 대한 상세한 논변은 다음 참조. A. Lingis, 「낯선 육체」, 김성균 옮김, 서울, 새움, 2006. 제5장. 조화를 고집하는 육체 참조.

36 Emmanuel Levinas, *Quelques réflexions sur la philosophie de l'hitlérisme*, Paris, Payot & Rivages, 1997(김홍중 2010: 64 재인용).

37 김홍중 2010: 64.

생물학적인 것을 단지 자기에로만 동여매는 것이 아니라 더 높은 구도에 속하도록 하는 것으로 본다(208). 육화된 주체의 외부로의 노출은 자신의 영혼을 타자에로 노출하는 것이라 한다. 숨길 수 없이 삶의 깊이를 고스란히 담아내는 눈빛과 축적된 시간의 길이와 고된 삶을 드러내는 피부의 주름은 단순히 '보는 눈과 보호막으로서의 피부'로만 머물지 않는다. 또한 인식을 위해 이러저러한 외부의 자료들을 모아다 주는 인식론적 통각aperception기능으로만 치부될 수도 없다. 감성적인 것은 자아의 통각보다 더 큰 구도에 속한다. 이것은 나의 몸이 내게 묶여진 존재이기에 앞서 타자에게 묶여지는 감성적 구조 속에 있음을 의미하며, 이를 레비나스는 감성의 전-근원적인pré-originel, 前-根源的 측면이라고 한다.

전-근원적이라 함은 무엇을 의미하는가? 전pré, 前이라 함은 ~앞에 있다는 의미이다. 그래서 '전-근원적'이라는 말은 '근원적인 것의 앞에 있는'이라고 우선적으로 해석된다. 서구의 철학적 전통에서 특히 근대 데카르트 이후로 어떤 것의 최종적 근원은 자아로 규정되어 왔다. 모든 것의 궁극적 근거이자 근원, 원리 즉 아르케가 되는 것을 자아로 보았던 것이다.

존재는 자신의 존재 진행을 주제화된 노출 속에 있는 아르케 άρχή, 관념적 원리로부터 소멸하고 복구하는 방식으로 이끈다. 관념성의 우회는 존재의 모든 정신적 모험에 대한 안내와 보장을 지속시키는 확실성에로 즉 자신과의 일치로 이끈다. 따라서 이 같은 모험은 정확하게 모험이 아닌 것이다. 그것은 결코 위험스럽지 않다. 그것은 자기 제어며, 자기영역, 아르케이다(188).

이런 근원과 구분하여 '전-근원적'이라는 말을 사용하는데, 보다 정확하게 레비나스는 전-근원적이라 함은 '근원에 앞선'이라는 의미이기보다는 오히려 자아, 근원으로 환원시킬 수 없는 것과 관련된다고 말한다. 자아로 환원시킬 수 없는 것들은 자의식의 투명성을 혼란시키고 자아의 전제주의를 흔드는, 다시 말하면 '자아의 아르케arché를 흔드는' 타자성이다. 타자의 아나키anarché로부터 영향을 받게

되는 감성적 주체성을 '전-근원적'인 것이라고 설명하는
것이다.

　의식이 언제나 침착함을 되찾고 명령하게 되는 로고스, 변명
이 삽입되는 로고스를 해체하는 아나키의 메타-존재론적이
고 메타-논리적인 구조가 형태를 갖게 되는 것은 윤리적 상
황 속에서, 타자를 위하는 책임 속에서, 선행적인 어떤 약속에
의해서도 정당화되지 않는 책임 속에서이다. 어떤 선험적인 것
없이 강렬하다는 점에서 절대적인 열정. 의식을 거스르면서
도달하게 되는, 의식으로 오는 것의 이미지가 되기 전에 결
과적으로 도달되는 의식(194).

　표상적 자아에 앞서 있는 감성은 자아로부터 시작되기
에 앞서 이미 타자에로의 개시가 일어난 것으로, 타자에게
로 묶여진 채 극단적으로 노출되어 있다. 그래서 감성적
주체성은 '그림자 없는 정오_midi sans ombres'의 햇볕아래 처음
부터 피할 그림자 없이 자리한 것과 같다. 그리고 노출됨
없이 보는 주체인 기게스의 비밀을 폭로하면서 타자의 지

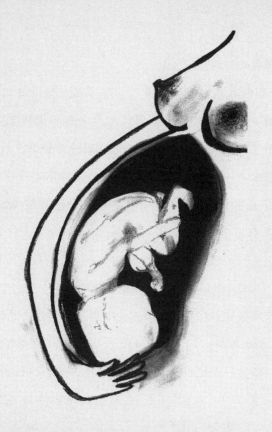

김선우, An-arché: 수동적인 것 보다 더 수동적인, 타자로 되는 몸
(종이에 마카, 비정형, 2015)

아르케(arché)의 의미는 질서, 원리 등이다. 그리고 어떤 것의 질서나 원리의 최종 근거를
자아로 설정하고 자아의 원리를 이성이나 자율성으로 설명하는 것이 서양철학에서는 익
숙하다. 그런데 레비나스는 아르케에 부정어 an을 붙인 안-아르케라는 말을 통해 아르케
를 흔드는 것, 자아의 질서와 원리를 흔들면서 자아에게 영향을 주는 상태를 설명하고자
한다. 이와 같은 것의 전형적인 상태가 바로 모성, 임신한 어머니의 몸인 것이다. 임산부
의 몸에 관한 주도권을 누가 쥐고 있는 것인가? 분명히 어머니의 몸이지만 그 어머니의
몸에 대한 주도권은 태아가 가지고 있음을 임신한 여성들은 알고 있다. 이런 측면에서 어
머니의 몸은 수동성을 지닌다. 그러나 그것이 서양철학에서 늘 능동성에 대한 열등함으
로 취급되던 그러한 수동성인가?

명예로 드러난다(273).

타자의 지명에 노출된 감성적 주체는 타자에 의해 소환된 이로서 그의 지명에 책임 있게 응할 수밖에 없다. 그래서 감성적 주체성이 보여 주는 이러한 수동성은 인과의 사슬보다 '더 수동적인 수동성'(150-151)이라고 표현된다. 이런 표현이 사람들을 당혹시킬 수 있음은 레비나스의 다음과 같은 인용에서도 알 수 있다.

"노발리스Novalis의 수동성에 대해 할 말이 있다. 노발리스와 동시대인으로 행동하는 철학자이기를 원했던 맨 드 비랭 Maine de Biran이 본질적으로 두 가지 형태의 수동성의 철학자로 남은 것은 의미심장하다. 열등한 수동성과 더 높은 수동성. 그러나 열등한 수동성은 더 높은 수동성보다 정말로 더 낮은 것일까?"(17)[38]

인간에 대한 존재론적 이해에서 능동성에 대비되는 수동

---

[38] 장 발, 『형이상학의 특징』, 562쪽.

성은 늘 열등한 것으로 폄훼되어 왔었다. 미셀 푸코Michael Foucault가 희랍인들의 존재의 미학에서 상세하게 밝힌 바와 같이, 감각과 정념에 지배되는 인간존재의 수동성은 이성에 의한 능동적 자기 통제력을 상실함을 의미하는 것으로 이는 더 낮은 것에 의한 더 높은 것의 휘둘림으로 일종의 존재론적 질서의 전도로까지 해석되었다. 운동-감각적인 것을 동물의 속성으로 보고 이성적인 것을 인간의 고유함으로 보는 아리스토텔레스적 관점에서 동물적인 것에 속한 저급한 감각이 보다 고등한 인간적 기능을 지배하고 영향력을 행사하는 것은 보다 높은 것이 낮게 있고 보다 낮은 것이 높이 있는 것으로 '존재의 미학'을 훼손하는 것이다. 그러나 레비나스는 인간이 지닌 수동성이 단지 이런 열등함으로만 이해되어야 할 것인가라고 묻고 있는 것이다.

레비나스는 타자에게 영향받는 것으로서의 수동성을 '수동성보다 더 수동적인 수동성'이라는 개념을 통해 설명하고자 한다. 그리고 타자에게 영향받는 정서를 열등함의 징표가 아니라 오히려 타자의 고통에 압도되어 응하게 되는 책임의 주체성, 존재보다 더 선한 마음의 작용과 연결된 것으로 설명한다. 타자에로 노출되어 그로부터 영향받는 감성의 수동성은 이미 자기존재를 유지하고자 하는 욕망인 존재의 코나투스conatus가 전도된 것으로서, 어떤 지속성이나 동일성을 보호받지 못한 채 지체 없이 타자에로 제시된다(144). 타자로부터 자신을 은폐하는 은밀한 은신처로부터 떠나 자신에 대한 방어와 보호를 소홀히 하면서 공격과 상처와 모욕에로 자신을 드러내는 것이다. 어떤 탈출구도 없이 타자에로 노출됨은 자기 안의 평정상태에 머물 수 없는 불안, 자신과 불일치 상태에 놓이는 것이며 마음이 불편한 상태이다(113).

3. 타자에게 사로잡힘

앞에서 논의된바, 타자에로 노출된 자는 타자의 근접성 속에 있게 된다. 여기서 근접성proximité은 두 지점이나 지역을 좁히는 간격과 같은 기하학적 공간개념인 인접성을 의미하는 것이 아니다. 타자에게 다가섬이나 타자와 이웃함과 같은 것으로 설명할 수 있는 타자의 근접성은 서로서로

교제하는 것이나 인도성humanité과 같은 의미를 함축한다. 즉 박애와 우애심을 갖고 타자에게 다가서는 것으로, 무관심한 접근과는 다르다. 이런 다가섬을 레비나스는 무관심하지 않음non-indifférence으로 구분한다. 근접성 속에서 자아는 타자에로 점점 더 가까이 다가서지만, 타자를 나에게로 동화시키거나 통합시키는 전체성과는 구분된다. 마치 나와 타자 사이에 조금의 공통점도, 어떤 공통분모도 없는 것처럼, 타자와 접촉하지만 접촉하는 자와 접촉되는 자는 서로서로 분리된 상태로 서로에게 다가선다. 왜냐하면 타자는 자의식과는 어떤 공통의 척도가 없는, 그리하여 자의식으로 취합불가능한 절대적인 외재성이라고 할 수 있기 때문이다.

외재성은 의식의 질서 아래로 또는 질서에로 위치시키면서 내재성 속으로 놓을 수 있는 것이 아니다. 그것은 강박적이며, 주제화될 수 없으며 아-나키적이다(193).

타자의 얼굴은 바로 이 절대적 외재성을 나타낸다. 타자의 얼굴은 의식의 대상으로 제한될 수 없다. 왜냐하면 타자의 얼굴 표정은 타자로부터 나오는 것이지, 내가 좌우할 수 있는 것이 아니기 때문이다. 물론 나의 태도 여부가 타자의 표정에 영향을 줄 수 있지만, 타자가 어떤 모습을 보일지에 관한 주도권은 전적으로 타자에게 있는 것이다. 그러므로 타자의 얼굴은 나의 의식에 잡히는 현상phénomène이 아니다. 그래서 타자의 얼굴은 비-현상非-現象, non-phénomène이라고 한다. 달리 표현하자면, 헤아리기 어려운 신비, 수수께끼인 것이며, 스스로를 나타내는 현현épiphanie, 계시 등으로 말할 수 있다. 여기서 얼굴을 문자에 얽매여 곧 얼굴만을 의미하는 것으로 규정하면 곤란하다. 이 세상에서 그 자신을 가장 잘 드러내고 표현하는 것이 얼굴이기에 얼굴이라 하는 것이다. 물론 얼굴뿐만 아니라 존재하는 모든 것들은 그 스스로를 표현한다. 우리가 알아주든 모르고 지나가는 것이든 상관없이, 우리가 그의 이름을 불러 주거나 말거나 조금도 개의치 않고 세상에 존재하는 모든 꽃들은 스스로 피었다가 진다. 우리의 외부에 존재하는 모든 것들, 즉 타자들의 이러한 자기표현의 메타포를 레비나스는 타자의 얼굴이라고 부른다. 얼굴은 그 표현이 나의 지향성이나 나의 노에시스Noesis 즉 의식과의 관련성 속에서 드러나는 것이 아니고 그 자신으로부터 표출되는 것이기에 노에시스의 대상으로서의 현상성을 벗어난다. 타자의 타자성은 자아에 의해 통제되거나 장악될 수 없는 것이기에 표상불가능한 것이며, 얼굴의 벌거벗음은 비-현상적인 것이다.

타자의 얼굴은 명법적이고 명령적이라고 한다. 명법적이고 이법적인 것은 타자의 얼굴이 아니, 모든 존재자가 자기 안에 윤리적 요청을 담지하고 있기 때문이다. 세상만물은, 아무리 작은 미물일지라도, '죽이지 말아 달라'는 요구가 분출되고 있으며, 심지어 미생물이나 광물들까지 하찮게 다루어지기를 원하지 않을 것이다. 그러므로 타자는 윤리적 명령을 담고 있는 명법적인 것이라 볼 수 있는 것이다. 타자가 나에게 보내는 요청은 나에게 대답하도록 촉구하고 나를 소환한다. 레비나스는 나를 지목하는 타자의 소환에 답변하는 방식은 기시착오적記時錯誤, anachronisme인 기이한 형태를 띤다고 말한다. 왜냐하면 나와 타자 사이에 어떤 계약 관계 없이, 답변에 대한 나의 약속이나 동의여부와 무관하

게 타자는 나를 소환하고 응답할 것을 요구하는 관계구도
이기 때문이다. 이런 논의는 '권리 없는 곳에 의무 없다'라
든지 '의무 없는 곳에 권리 없다'라는 권리-의무의 상호성
논리에 익숙한 근대인의 관점이나 자신의 자유에 입각하여
선택한 행위에 대해서만 책임을 진다든지 자유롭게 지원하
는 앙가주망을 강조하는 실존주의적 책임개념과는 거리가
멀다. 또한 사회계약론적으로 형성되는 법규범적 강제력
과도 거리가 멀다.

그렇다면 자못 당혹스럽기까지 한 이런 사로잡힘에서 강
제되는 책임의 설정이 어떻게 가능하다는 것일까? 이런 방
식의 책임설정이 논리적 착오를 불러일으킬지라도, 현실에
있어서 즉 전지구적인 현대사회에서는 매우 합당한 것일지
도 모른다. 예컨대 쓰나미로 인한 일본 원전 재난 사태에서
한국을 비롯한 세계인들이 관심과 도움의 손길을 보낸 바
있다. 공식적인 도움의 요청에 앞서, 재난구호에 대한 어떤
국제적 상호조약이나 민간인들 사이의 도움의 약속에 의거
한 것도 아닌데 왜 세계인들 중에는 적극적으로 반응하는
이들이 있는가? 또한 사람들마다 반응의 정도가 다른 것은

왜일까?

레비나스는 이를 타자의 근접성proximité과 감성적 주체성의 민감성에 의거해 설명한다. 이웃의 얼굴로부터 뿜어져 나오는 명령은 타자와의 근접성이 좁혀질수록 더 강하게 전해진다. 앞서 해명하였듯이, 근접성은 지리적 인접성이 아니다. 내가 타자에게 따뜻하게 다가설수록 타자의 절박한 지명이 더 잘 접수되는 것이다. 그래서 감성적 민감성이 높을수록 우리는 타자의 요청에 민감하게 되고, 타자에게 친밀하게 다가서게 된다. 다시 말하면, 타자가 나에게 다가와서 도와 달라는 말을 하기도 전에 내가 감성적 민감성을 지니면 그의 요청과 호소가 더 잘 감지되는 것과 같다. 이와 같은 관계구도를 레비나스는 "그들이 요청하기 전에 내가 응답하리라"와 같은 형식을 갖는 기시착오적인 것으로 설명한다. 즉 이 명령은 내가 타자로부터 듣기도 전에 구속받게 되는 명령으로, 합의 없이 제시되는 명령에 대한 이상한(?) 복종이며, 계약에 앞서 지게 되는 책임과 같은 형태이다. 타자의 근접성에서 들리는 이같이 역설적인 명령은 나의 자의식이나 자유 속에서 시작된 것이 아니다. 나를 주시하고, 바라보는, 비참함으로 나를 사로잡는 이웃의 얼굴은 이웃의 위임이나 당위와는 또 다르게 명법적이다. 더 나아가 타자에게 다가서는 근접성은 이웃의 짐을 질수록 점점 더 그에게 다가가게 되는 구도 속에 있다. 이웃에 대해 무관심하지 않음, 계약으로 맺어진 약속 없이, 대가도 목적도 없이, 긴밀해질수록 더욱더 많은 요청으로 엮여지는 의무, 이 속에 인간의 선성이 깃들며 양심과 윤리적 주체의 탄생이 있게 된다.

타자의 흔적인 얼굴은 이미지의 즉각성보다 더 긴장된 기시착오적인 즉각성을 드러낸다(173). 여기서 즉각성은 의식이전의 즉각성을 의미한다기보다는 오히려 정확히 말하자면 에고의 순진한 자의성을 문제시하는 것으로 보아야 한다. 이것은 응답을 요구하는 타자의 소환으로 어떤 도피처나 회피할 기회를 주지 않는다.

기하학적 연속성의 어떤 양태나 거리의 어떤 양태로 귀결시킬 수 없는, 이웃의 단순한 《표상》으로 귀결시킬 수 없는 근접성의 관계는 이미 모든 계약에 기시 착오적으로 선행하는 의무인 극단적으로 긴박한 지정이다. 아 프리오리보다 《더 오래된》 선행성. 이 같은 형식은 어떤 측면에서 자발성에 의해 자신을 서임하지 않고 영향받는 방식을 표현한다. 즉, 정서의 근원이 재-현의 주제로 됨이 없이, 주체는 영향받게 된다. 우리는 의식으로 환원할 수 없는 이 같은 관계를 사로잡힘이라 불러 왔다. 즉, 외재성을 열어 주는 듯한 능동에 《선행하는》 외재성과의 관계, 정확하게 능동이 아니며, 주제화가 아닌 관계(190).

이웃의 소환에 사로잡힌 주체성은 타자에게 영향받는 정서에 관련된다. 이는 자발적으로 자신이 수임하는 것이 아니고 영향받는 방식으로, 정서의 근원이 표상으로 환원됨이 없이 영향받는 것이다. 타자에 의해 영향받는 자는 그 정서가 상호적이지 않다. 또한 어떤 형식 아래 출발의 지점으로 되돌아오는 것이 아닌 일방향적 관계이며, 비가역적이다. 타자에게 사로잡혀 영향받는 주체는 의식으로 환원되지 않는다. 소환의 극단적 절박성은 의식의 평정을 폭발시킨다. 타자는 어떤 형식 안에 자리하고 있는 것이 아니라, 각자 자신의 시간에 맞추어 오므로 나는 균형을 맞출 시간이 없다(166). 이웃은 그가 말하기도 전에 내가 그의 말을 들었기라도 한 것처럼, 나에게 충격을 가하기도 전에 충격을 준다. 회피할 수 없는 소환으로 강제되고, 대체할 수 없는 사람으로 강제된 자아는 태만한 것이 아니라면 이를 거부할 수 없다(266).

4. 자유에 선행하는 책임

지향성으로서 주체성은 비인칭적 담론의 근원인 자기-계시로서 자기-정서로 정립된다. 지향성에서 영향받게 되는 자아는 결국 그 자신에 의해서만 자유롭게 영향받는다. 그러나 타자를-위하는-책임에서 자신의 회귀, 박해하는 사로잡힘은 지향성을 거슬러 간다. 따라서 타자들을 위하는 책임은 결코 이타적 의지, 《자연적 자비》의 본능 또는 사랑을 의미할 수 없다. 태만함이 없다면 타자의 지정을 회피할 수 없이, 정체성이 어떤 참조 체계를 사용함이 없는 유일한 것으로 개별화되는 것은 육화된 사로잡힘의 수동성에서다. … 모두의 기소 아래 있는, 모두를 위한 책임은 대속에로까지 가기 때문에 전체성 속에 단순히 응집해 있는 것보다 더 구체적인 구체성이다. 주체는 인질이다(211-212).

실존주의자 사르트르는 "인간은 자유로 선고받았다"고 선언한다. 이 명제를 전복시키면서 레비나스는 "책임은 자유에 선행한다"고 주장한다. 그는 '자유로운 존재만이 그를 찍어 누르는 세계의 무게에 민감하다고 말할 것인가?'라고 묻는다. 그리고 통념적인 자유론, 나아가 자유에 입각한 책임설정을 비판한다. 또한 우리가 타자와의 연대를 결정하게 될 수 있는 자유로운 자아를 자각한다 할지라도, 이 같은 자유는 절박한 짐을 떠맡지 못하고, 결국 해체되는 것을 알게 될 것이라고 말한다(243). 그리고 자유의 부조리는 자유의 유한성에서가 아니라 자유의 자의성에 기인하는 반면, 자유의 도덕적 정당성은 자신의 자유를 문제 삼는 양심 속에서 정당화된다고 본다.[39] 레비나스는 양심을 어떤

---

39 Levinas, Lingis(trans.)(1991), 84; Beavers 1995: 103.

아 프리오리한 틀에 부합하지 않은 경험을 갖게 되는 것으로 설명한다. 즉 개념 없는 경험으로, 이는 의식의 한 양상이 아니라 의식의 조건이라고 주장한다. 그리고 철학의 비판적 인식이나 자유의 기초를 탐구함에 있어서도 양심으로부터 출발할 것을 요구한다. 이는 타자, 무한에 나를 비추어 보면서 나 자신을 각성하는 것, 나의 비도덕성을 자각하는 문제와 관련된다. 이런 주장은 우리가 우리 자신의 양심의 거울을 녹슬지 않도록 깨끗이 닦고 거기에 자신을 비추어 봐야 한다고 말하는 것을 생각해 보면 이해하기 어렵지 않을 것이다.

레비나스가 기존의 책임론에서 중요하게 제기하는 이슈는 자유에 근거한 책임 논제이다.

자유에 근거한 책임설정의 문제를 레비나스는 "우리는 자아의 자유라는 이름으로 추론한다. 마치 내가 세계의 창조에 참여했기라도 한 것처럼, 그리고 마치 나의 자의적 자유로부터 오는 세계를 내가 떠맡을 수 있기라도 한 것처럼"(232)이라는 말로 적절히 지적한다. 우리는 보통 '자유롭게 또는 자유로운 존재이기에 책임진다'는 말에 대해 별 이

의제기 없이 또는 매우 도덕적인 언어로서 받아들이는 데
익숙하다. 그러나 레비나스는 이 말은 동시에 책임지지 않
는 자들의 회피용이 될 수 있고 관념적인 이들이 빠질 수
있는 오만함임을 직시한다.

> 철학자의 오만, 관념론자의 오만. 아니면 책임지지 않는 자
> 들의 회피. 성서가 욥Job을 비난하는 것이 바로 이 경우다.
> 만일 자신의 실수로부터 나온 것이라면 자신의 불행을 설명
> 할 수 있어야 할 것인데! 그러나 그는 결코 불행을 원하지 않
> 았다. 그의 거짓 친구들은 그와 똑같이 생각한다. 즉, 우리
> 는 감각적 세계 속에서 우리가 아무것도 잘못하지 않았을 때
> 만 대답할 것을 가질 수 있다. 그러므로 욥은 자신의 잘못을
> 잊었어야만 한다!(232)

구약의 『욥기』에 나오는 욥의 이야기는 다음과 같다. 욥
은 하나님의 신실한 이로서 세상의 복락을 누리며 살았다.
어느 날 악마가 하나님에게 이 세상에서 순전히 진실로 선
하게 하나님을 믿고 순종하는 이가 있을지 내기를 제안하

자 하나님은 욥에 걸게 되었다. 하나님은 악마로 하여금, 욥의 많은 재산과 가족과 종속을 모두 거두어들이도록 하였다. 이제 주변 사람들은 욥의 누추한 몰골을 피하고 침까지 뱉었으며, 그의 친구들은 위로하는 척 비웃었다. 이런 상황에서도 욥은 남을 원망하거나 하나님을 원망하지 않았다. 마침내 악마는 욥의 건강을 가져갔다. 욥은 이제 건강까지도 잃게 되어 영문도 모르는 채 고통스러워하며 차라리 태어나지 않은 것이 좋을 뻔했다고 생각했다.

이때 하나님은 욥에게 나타나 욥이 모든 것을 창조한 하나님의 마음을 헤아릴 수 있는지 질타한다. 바다 깊숙이 어둠 속의 끝을 본 적이 있는지, 어둠으로 덮인 우주에 빛을 내고, 흙과 물을 갈라 생명을 버리고 살리는 자의 마음을 생각해 보았는지 묻는다. 그제서야 욥은 자신의 모든 재산과 건강도 하나님으로부터 온 것임을 깨닫고 그런 것들이 있다가 사라진 것에 대해서나 주변사람들의 비웃음에 대해 괴로워하지 않게 되었다. 하나님이 욥에게 그를 비웃은 친구들에게 벌을 내리도록 할 것인지에 대해 묻자 욥은 그들을 용서해 줄 것을 청한다. 그래서 하나님은 악마와의 싸움에서 이겼고, 욥에게는 더 큰 재산과 건강과 가정을 이루도록 하셨다.

『욥기』가 전하는 의미를 살펴본다면, 우리가 자신의 것이라고 생각하였던 것들을 아무 이유도 없이 하루아침에 잃게 되었을 때, 우리는 빈 몸으로 왔다가 빈 몸으로 간다는 간단한 이치를 기억할지라도 울부짖으며 원망하게 된다. 하물며 욥은 자신이 알지는 못했지만, 하나님과 악마의 내기에 걸려들어 곤경에 처하게 된다. 이 내기에서 욥 자신의 잘못이나 허물은 전혀 없다. 그러나 다른 측면에서 생각해 본다면, 만일 욥의 환난이 자기로부터 초래된 것이라면, 욥은 그것을 감당할 수 있었겠는가? 다른 예로서, 태안 앞바다에서 발생한 기름유출사고의 명확한 원인이 대기업 삼성에 있다는 것은 모두가 알지만, 그들이 그 고통의 원인이 자신들의 실수로 말미암은 것임을 안다 할지라도 그들이 그것을 수습할 수 있겠는가? 일본 후쿠시마 원자력 발전소 사고로 말미암아 그 지역이 방사능에 오염되고 폐기물이 바다로 흘러 들어가는 것을 강대국 일본이 알고 있었지만, 그들이 그것에 대해 무엇을 할 수 있었는가?

다시 말하자면, 우리는 마치 우리가 자유롭게 이 세계를 설계하고 구상하였다면, 우리 자신이 원인이 되어 빚어진 모든 결과들에 대해서는 책임을 질 수 있는 것처럼, 자유에 의한 책임을 설정하고 있다는 것이다. 그래서 레비나스는 이런 관점을 철학자와 관념론자의 오만, 아니면 오히려 책임지지 않는 자들의 회피라고 질책한 것이다. 이 문제점은 우리가 살아오면서 내 의지로 선택해서 행위한 결과들에 대하여 우리가 얼마나 감당할 수 있는지를 반추하면 즉각적으로 드러날 것이다. 조금 더 레비나스의 주장을 따라가 본다.

"그러나 자신의 기획으로부터 나오지 않은, 세계 속에 '늦게 온 주체의 주체성'은 기획하는 데 있지 않고 자신의 기획처럼 이 세상을 취급하는 데 있지도 않다. '늦게 옴'은 무시할 만한 것이 아니다. 자신의 자유 너머에서 책임진다는 것은 틀림없이 세계의 순수한 결과를 유지하는 것이 아니다. 우주를 지탱하는 것−짓누르는 책임이지만 신성한 불편*Supporter l'univers-Charge écrasante, mais inconfort divin*. 선택의 자유에 비례한 장점이나 실수, 제재들보다 더 선한 것. 만일 윤리적 개념들이 우리의 담론 속으로 떠오른다면 자유와 비자유의 담론 이전에, 선택으로 제시된 선과 악의 양극성 이전에, 주체는 지지하다supporter의 수동성 자체 속에서 선과 관계되는 것이다. 자유와 비-자유의 구별이 인간성과 비인간성의 궁극적 구별일 수 없으며, 의미와 비-의미의 궁극적 준거일 수 없다"(233).

요컨대 우리는 우리 자신이 의지하고 기획한 세계에로 등장한 것은 아니다. 그럼에도 불구하고 우리가 우리를 지명하는 타자에 대한 책임을 회피하는 것이 정당화될 수는 없다. 나로부터 유래하지 않은, 즉 나의 자유에서 기인하지 않은 것에 대해서까지도 책임을 진다는 것은 우리 자신이 서포터가 되는 것, 우주의 지지자가 되는 것이다. 그래서 자아는 복종sujétion이라는 것이다. 즉, 자아는 우주의 무게 아래 있고, 모든 것에 대해 책임을 지고 있다고 말한다(218).

이것은 무거운 책임이고 마음이 불편한 것이지만 성스러운 것이며, 단지 선택의 자유에 비례한 어떤 것들보다 '더

욱더 선한 것'이다. 이런 논의들이 버겁기는 하지만 많은
사람들은 자신으로 말미암지 않은 사태나 타자의 불행에
대해서도 죄책감을 가지며 사태를 해결하는 데 도움이 되
고자 하는 경우가 많으므로 삶의 실제를 완전히 벗어난 논
리는 아니라고 볼 수 있다.

그런데 여기서 레비나스는 통념적 사고로부터 한발 더
나가는 듯하다. 그것은 타자를 위한 책임에서는 주체의 자
발적 참여 즉 앙가주망, 지원한 참여와는 다른 방식이 요구
된다는 것이다. 왜냐하면 앙가주망, 지원한 참여는 수동성
의 민감성과는 다른 이론적 인식을 가정한다(257)고 보기
때문이다.

존재 안으로 책임을 진입시키는 것은 오직 선택 없이 실행될
수 있을 뿐이다. 자유와 비자유의 쌍에 선행하기 때문에 남
용적이거나 성급한 그리고 신중치 못한 성찰에 대해서는 단
지 폭력적으로만 보여질 수 있는 선택 없음(184). 그러나 이
로써 그 자신만을 위하는 자의 이기적인 제한된 운명을 추월
하는 소명이 세워진다. 그리고 그 자신의 자유나 혹은 그의

현재에서 시작하지 않는 잘못이나 불행의 손을 씻는다. 자신을 위하는 것이 아니라 모두를 위하는 존재의 형성, 존재인 동시에 마음을 비움. 자의식, 모두를 위함, 타자를 위하는 책임, 우주의 버팀대를 의미하는 자신을 위함. 타인을 위하는 책임, 이 같은 선행적 앙가주망 없이 응답하는 방식은 자유에 앞서 있는 인간의 형제애 그 자체이다(220).

타인의 고통과 잘못에 대한 인수는 그 수동성을 숨기지 못하는바, 그것을 수난(243)이라고 부른다. 무고하게 다른 이의 고통과 잘못을 지게 되는 것, 이웃의 호소를 피하게 될 수 없음, 소홀히 할 수 없음에서 타인에게 다가서게 되고, 그 이후부터는 그에 대해 소홀하게 되는 것이 자유롭지 않게 된 것이다. 그리고 이것이야말로 인류의 형제애[40]라

---

40 우리는 『누가복음』에 나오는 사마리아인 이야기를 알고 있다. 예수는 사마리아인의 비유를 통해 누가 우리의 이웃인지를 묻는다.
"예수께서 대답하여 가라사대 어떤 사람이 예루살렘에서 여리고로 내려가다가 강도를 만나매 강도들이 그 옷을 벗기고 때려 거반 죽은 것을 버리고 갔더라. 마침 한 제사장이 그 길로 내려가다가 그를 보고 피하여 지나가고, 또 이와 같이 한 레위인도 그곳에 이르러 그를 보고 피하여 지나가되, 어떤 사마리아인은 여행하는 중 거기 이르러 그를 보고 불쌍히 여겨, 가까이 가서 기름과

부를 수 있는 것이리라.

여기서 자신의 자유와 무관하게 지게 되는 책임성은 감성적 주체의 민감성과 관련되고 있음을 알 수 있다. 타자에게 노출된 감성적 주체가 타자의 지명을 회피할 수 없어 응답하면서 지게 되는 책임의 성격을 레비나스는 "내가 그를 선택할 수 있기도 전에, 또는 그의 선택을 받아들일 수 있기도 전에, 나를 먼저 뽑히게 하는 전근원적인 민감성, 모든 수용성에 선행하는 수동성, 자임이 아닌 민감성에 따라서 주체를 지정하는 선성"(233)의 문제로 설명한다.

주체의 민감성과 타자의 사로잡음이 조응하는 속에서 지게 되는 책임은 내가 원하지 않았던 것일지라도 그에 대한, 즉 다른 사람들에 대한 나의 책임성이다. 타자를 위해 지는 책임성에서 우리는 자신에게로 돌아오지 않는다. 그것

포도주를 그 상처에 붓고 싸매고 자기 짐승에 태워 주막으로 데리고 가서 돌보아 주고, 이튿날에 데나리온 둘을 내어 주막 주인에게 주며 가로되 이 사람을 돌보아 주라, 비용이 더 들면 내가 돌아올 때에 갚으리라 하였으니, 네 의견에는 이 세 사람 중에 누가 강도 만난 자의 이웃이 되겠느냐. 가로되 자비를 베푼 자니이다. 예수께서 이르시되 가서 너도 이와 같이 하라 하시니라." 『누가복음』 10장 30-37절.

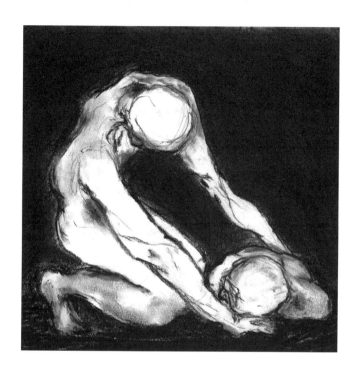

김선우, 다른 이를 위하는 착한 사마리아인 (종이에 콩테, 비정형, 2015)

성경에서 예수가 비유한 착한 사마리안 이야기는 산속에서 곤경을 겪는 이를 도운 이가 종교인도 아니고 동족도 아닌 당시 기피되고 있던 사마리아인이라는 것이다. 착한 사마리아인은 레비나스가 말하는 '타자를 위하는 이(l'un pour l'autre)'에 대한 좋은 비유가 된다. 타자를 위함은 타자와의 어떤 특별한 관계성에서가 아니라 바로 타자의 고통이나 불행에 대한 주체의 민감성으로부터 촉발된다. 타자의 곤경을 외면할 수 없어서 자기 자신을 고려할 틈도 없이, 자기 자신을 위하여 무엇인가를 챙겨둘 틈도 없이 즉각적으로 타자의 절박함에 반응하게 된다. 자신의 울타리를 열고 곳간을 개방하며 자신의 외투를 벗게 되고 자신이 먹는 빵을 내주게 되며, 자신을 위험 속으로 노출시키게 된다.

은 동일성의 경계를 고정시킬 수 없는, 자기의 테두리를 치고 자신을 자기에게만 가두는 것을 불가능하게 하는 흔듦이다. 자아moi로부터 자신soi으로의 전환에서 내 안에 있는 존재의 원리 즉 즉자적 휴식과 동일성의 경계는 폭발한다(216). 책임감을 갖고 타자를 위하는 자는 책임을 태만히 하는 것이 아니라면 회피할 수 없는 자의 숭고한 수동성 속에서 유일한 것으로 기소된 나moi(255)와 같다. 어느 누구도 그 장면에서 행해야 할 역할의 책임을 변형시키는 것이 아니라면 대체될 수 없는 인질의 유일성, 선택의 여지가 없는 인질의 상태[41]에 놓여 있는 것이다. 유일무이한 나의 정체성은 자기 동일성 안에서 휴식할 수 없는, 소환에 의한 책임에서 형성된다(218).

근접성 속의 타자에 의해 압도된 자아의 유일성은 나의 마음 속에 있는 타자이다. 그러나 타자들의 인질은 바로 나, 자기

---

[41] 만일 선택할 수 있다면 주체는 자신의 몫을 챙길 것이고, 내적 삶의 탈출구를 지닌 것이다.

이지 타자가 아니다. … 존재에서의 자신은 엄밀히 어떤 일반성도 목표로 삼지 않는 소환에 대해 '회피할 수 없음'이다. 나와 다른 타자들에게 공통의 자기성은 없다. 자아는 비교가 설정되자마자 이 비교가능성을 배제하는 것이다. 그 결과로 자기성은 나를 일반적 자아가 아닌 자아로 선출하는 정당화할 수 없는 하나의 특권 또는 선정으로 된다. 유일하고 선택된 나. 복종에 의한 선택(241).

어느 것에 대해서도 어찌해 볼 도리가 없기 때문인 즉자, 외부로 노출된 동시에 자신의 피부 속에 있는 즉자, 벌거벗은 노출 속에서 타자에게 사로잡힌 자아는 자기에로 틀어박히는 것이 불가능해진다. 회피하는 것이 허용되지 않는 자아의 '거절할 수 없음'은 더 이상 거리를 취할 수 없는 돌이킬 수 없는 기소이다(213). 이는 숙고 속에서 행해지는 자신에 의한 자기제어의 자유가 아닌, 타자로부터 오는 절박성의 문제이다(238). 타자를 위하는 책임과 관련된 영혼, 감성, 민감성, 모성, 신체성은 자기 자신으로 표현된다. 나의 존재를 넘어서는 의무로서, 타자의 절박성으로부터, 자아로부터 자신으로의 반복, 육화인 반복, 타자로 되는 몸, 동일자의 가슴, 선성인 타자, 영혼의 마음이 있게 된다(206).

마음psyche은 동일자와 타자의 논리 너머에 있는, 타자가 동일자에게 부과하는 요청 또는 영감을 의미하는 것으로, '자아 안의 타자'(134), 생명화, 마음의 호흡 자체이다. 나아가 타자에 대해 걱정하는 동일자의 불안(55), 마음을 괴롭히는 회환의 자기기소, 자신의 개방, moi의 해체로부터 soi로 돌아가는 자기성이다. 주체성 속의 양심이 되는 주체성으로 묶여지는 매듭은 모든 의식에 앞서 근원적으로 부여되는 타자에 대한 동일자의 성실성을 의미하고 타자에 의한 정서를 의미한다(56). 성실성은 타자를 위한 동일자의 책임, 타자의 근접성에 대한 반응, 타자에 대한 경청과 같은 것이다(282).

제4장
주체성과 무한

1. 단독자로서의 주체성

인식론적 주체성은 객관성에 종속된다. 주체성의 통합적 사유는 지성적인 것에 의해서다. 데카르트적 전통에서의 명석판명한 이념도 여전히 플라톤의 지성적인 태양의 빛을 받아들인다.

합리적이고 이론적인 의식에서 진리 속에 드러나는 명료성은 지성에 일치한다. 하지만 그것은 존재자들이나 계기들, 존재자들의 존재 자체를 체계로 취합하면서 정리하는 정돈

덕분이다. 존재의 드러남은 구조 속에 있는 요소들의 어떤 결합과 분리되지 않으며, 존재는 자신의 진행을 이끄는 구조의 고정과 분리되지 않는다. 그리고 그들의 동시성, 즉 그들의 공현존과 분리되지 않는다. 현재 진리와 진리 속의 존재인 존재의 특권적 시간은 동시성 그 자체이다. 그리고 존재 표명은 표상 즉 재현이다. 주체는 그때부터 거의 능동적 개념의 의미에서 재현능력일 수 있다. 주체는 시간적 흩어짐을 동시성, 현재로 다시 일으켜 세울 수도 있다. 존재를 위하여 주체는 흩어진 시간의 한가운데서 작용하는 방식으로 시간의 단계를 과거 파지나 미래 지향에 의해 현재로 재결합시킨다. 또한 기억을 부여받은 주체처럼, 과거의 잃어버린 요소들이나 여전히 희망하거나 두려워하는 요소들을 한 권의 책 속에서 동시성을 지니게 하는 저자인 역사가처럼 행한다(251).

과거파지retention, 기억, 역사 속에서 주체성은 성급하게 취합하고 더욱더 정돈하고자 하며, 현재화하면서 개입한다. 칸트는 직관 속에서의 존재의 순수표출은 주체의 자발성을 요청한다고 기술한다. 개입과 취합 속에 이해가 획득된다. 직관은 이해, 개념에 의해 맹목에서 벗어난다.

이런 지적 작업에서 필요한 사유하는 주체는 능동성과 자발성에도 불구하고 존재의 본질이 진리로 나타남에 있어서 차용하는 우회로 해석될 수 있다. 지성은 존재 실현의 한 부분이 된다.

주체는 이제 표상으로, 그리고 공시화의 부여로, 시작의 부여로, 즉 자유의 부여로 구성된다. 그러나 말해진 것 속으로 흡수되고, 어떤 것에도 반대하지 않음으로써 자유로운 자유의 부여로 구성된다. 정신성은 모든 트라우마를 배제하는 의식일 것이다. 레비나스는 이와 같은 것을 자신의 폭력성을 지식 속에서 완화시키는 것이라고 말한다.

그러나 윤리적 관계, 타자를 위하는 자가 다른 사람들을 책임지게 되는 상황에서, 책임은 근원이 없는, 아르케가 없는 구도로서 나타난다. 결국은 현재에로 회복하게 되는 것에서 취해지는 어떤 자유나 참여도 이러한 책임이 자리한 곳이 아니다. 책임에서 동일자, 자아는 대신될 수 없는 것으로 지정된 바로 나이다. 책임에 대한 태만함이 없다면 회피할 수 없는, 숭고한 수동성 속에서 유일한 것으로서 기소된 나이다(255). 레비나스는 이러한 '윤리적 불가능성'을 '회피 없이는 불가능한', '잘못 없이는', '죄 없이는'과 같은 것으로 표현할 수 있다고 부가 설명한다.

타자를 위한 책임을 지는 자가 함축하는 것은 동일자의 표상보다 더 고무된다. 현존재의 과잉이나 결여에 의해서가 아니라, 바로 자아의 유일성에 의해서, 응답하는 나의 유일성에 의해서, 인질의 유일성에 의해 고조된다.

지명된 주체는 선택이 없는 인질의 조건 속에 있다. 만일 선택이 가능하다면, 주체는 자신의 몫을 고수할 것이고, 내적 삶의 탈출구를 찾을 것이다. 그러나 주체성 자체는 타자를 위한 것이고, 타자를 지지하는 데 있으며, 타자를 위해 속죄하는 데 있다(256).

타자를 위하는 자는 '앙가주망의 주체성'으로 이해해서는 안 된다. 앙가주망은 선험적이든 추후적이든 이미 수동성의 민감성을 넘어서 가는 수임을 맡을 가능성으로서 이론적 인식을 가정한다. 자유롭게 취한 또는 동의한 결정의 결과, 민감성으로부터 기투projet로 되돌아간 결과로 앙가주망

김선우, 내민 손 (캔버스에 아크릴, 60F, 2015)

절박하게 위기에 처해 도움이 필요한 순간 우리는, "거기 누구 없어요? 도와주세요! 살려 주세요!"라고 외치게 된다. 이때, 어떤 사람들은 타인의 일에 휘말려 귀찮아질까봐, 혹은 그냥 무감각해서 멀뚱히 쳐다보면서 지나쳐 버린다. 반면 도덕적 민감성이 발달한 사람은 외면하지 못하고 달려와 "무슨 일이 있어요? 제가 도와 드리겠습니다"라고 하면서 손을 내민다. 바로 이 지점에서, '내민 손'의 주인은 윤리적 실천을 행하는 것이며 바로 이로부터 윤리적 주체성을 획득하게 된다.

"도와주세요!"라는 말은 사실 지구의 모든 사람들에게 발신되는 것이다. 그러나 바로 손을 내밀어 도움을 준 사람만이 그러한 발신을 수신한 것이고, 다른 이들이 잡을 수도 있었을 그 손을 윤리적 주체만이 유일하게 잡았다는 점에서 그는 유일무이한 인간존재의 단수성을 드러낸다.

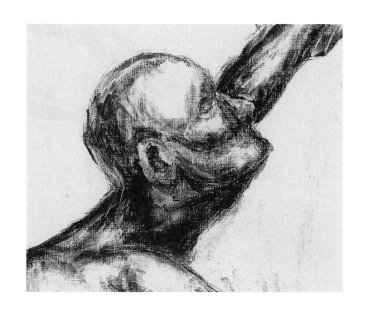

김선우, 얼굴은 말한다: 작품 「내민 손」의 얼굴 부분

이 세상의 모든 존재하는 것들은 자신을 드러낸다. 꽃들은 자신의 아름다움을. 소들은 느 긋함을 보여 준다. 특히 그 자신을 잘 드러내고 표현하는 것은 얼굴들이다. 레비나스는 '얼굴이 곧 그의 영혼이다'라고도 말한다. 물론 얼굴만이 표현하는 것은 아니다. 레비나스 가 인용한 것처럼, "등도 말한다." 굽은 농민의 등은 농사일로 고된 노동을 말해 주며, 예 술가의 주름지고 거친 손은 예술이 관념이 아님을 보여 준다. 즉 등도 말하고 손도 말한 다. 그럼에도 불구하고 얼굴을 강조하는 것은 얼굴이야말로 그 존재자를 가장 잘 표현하 기 때문이다. 얼굴은 하나의 메타포다. 달을 가리키는 손가락이라고나 할까? 얼굴은 타 자들 즉 '타자로부터 전해 오는 목소리, 표현, 현현'을 총체적으로 담고 있는 것이다. 즉 타자들이 하고자 하는 말, 보여 주려는 것들이 표출되는 곳이다. 얼굴을 대하는 주체의 방식은 보고 듣고 응하는 것에 있다. 특히 타자의 얼굴이 나타내는 것 즉 현현하는 것은 윤리적 요구이다. 얼굴은 그 자체로 윤리적 명법을 표출하는 바이며, 얼굴이 보내는 제1 의 도덕 명법은 "죽이지 말라"는 윤리다.

은 지향적 사유, 현재화, 표상에 의거하게 되는 것 아니겠는가?(257)

어떤 한 사람이 타자를 위하는 자로 되는 것은 앙가주망과는 완전히 다른 방식에서다. 그것은 내가 자리를 차지하고 있는 곳에서 한 순간에 전복이 발생하는 상황이다. 이는 동일자와 타자의 근접성의 문제이며, '타자 안에 있는 자'란 타자에 의해 지명된 이를 의미하는 것이다. 동일자와 타자의 근접성의 가까움에서 '적절하게' 가까운 것이란 없다. 동일자로서의 나, 자아로서의 나는 나의 존재 영역을 확보하면서 이웃을 냉대하고 멀리한다. 여기서 존재론으로, 현전으로, 표명과 진리의 '그림자 없는 정오'로, 계산으로, 사유로, 거주로 이끄는 것이 드러난다. 그러나 타자에게 다가서는 것은 존재론적 진행으로 가지 않는다. 지식이나 맹목도 아니며, 다가섬의 의미는 본질 너머에 있는 선함이다. 레비나스는 말한다. "선이 본질 속에 변형되고 축소된 존재론 속에서 보여질 것이지만, 본질은 선을 포함할 수 없다"(258)라고.

근접성이 보여 주는 선은 단순한 이타주의적 성향과는

다르게 선을 이해하도록 한다(259). 그것은 선택의 현재 속에서 시작하는 의식의 활동과는 다르다. 내 안에 있는 모든 자유나 폭력에 선행하면서, 타자의 자유를 위한 책임으로서의 선은 주체 안에, 안-아르케 안에 있다. 선성과 선의 구도는 의식과 본질의 밖에 있다. 이것이 바로 대속의 예외적 구도이다. 책임에서 출발하여 논의되는 나는 타자를 위하는 것이고, 벌거벗음, 순수한 민감성에 노출됨이다. 나는 인식하고 자신을 장악하고 있는 것이 아니라, 스스로 소진되고 양도하고 자리를 버리고 자리를 잃는다. 타자를 대속하는 지점에 이를 정도로 상처와 모욕에로 노출되고, 비워 낸다. 자신을 염려하는 능동이 아니라 대속에 의해서 어떤 수동적인 것보다 더 수동적인 양상을 지닌다. 자신을 추방하는 흔적 속에서, 철저히 자신을 근절한다. 어떤 비밀도 갖지 않는 이 같은 내면성은 스스로에게 명령하는, 자신의 입에 넣은 빵을 꺼내서 타자에게 주는, 나의 살로 선물을 만드는 정상을 벗어난 일의 증거이다.

사람 사이를 상호성으로 이해한다면, 나와 타자 사이의 차이나 주체의 회피불가능성이 희미해질 수도 있다. 그러나 이웃에 대해 냉담하지 못한 근접성에서는 이런 것들이 지워지지 못한다. 나와 다른 이, 나의 이웃인 타자에 대해 냉정하지 못함은 문자 그대로 자발적인 의미가 내포되어 있는 앙가주망 너머에 있다. 왜냐하면 타자에 무관심할 수 없음은 나의 안식처를 대속으로 연장하기 때문이다. 타자에 대해 무관심하지 않음은 자아로부터 타자에로 일방향성을 갖는다(260). 어느 누구도 나를 대신할 수 없는 의무로 노출된 책임 속에서 나는 유일하다. "나는 출두의 방식으로 나타난다. 회피할 수 없는 지명의 수동성 속에 있는 목적격의 자아에 나는 위치한다."(261) 여기서 나는 나를 개념 속에 가두게 될 사변에 앞서 있는 유일한 나의 출현을 생각할 수 있다. 책임지는 내가 아니라면, 그 어떤 것을 통해서도 나는 유일성을 확보할 수 없다. 나의 유일성은 본질이나 자신의 개성을 통해 확보되는 것이 아니다. 자신의 유일성을 드러내는 유일한 방식은 타자를 대속하는 책임 속에서이다. 선험적 주체성이나 지향성의 주체성이 아닌, 무조건의 수동성 속에서 자기 밖으로 축출되면서 솟구치는 주체의 회피불가능성이 있다(261).

근접성, 의미화는 주체의 잠재적 탄생에 있다. 잠재적 탄생인 것은 정확하게 기원의 이편, 주도권의 이편에 있기 때문이며, 기억에 의한 것일지라도 지시하고 스스로 맡을 수 있는 현재의 이편에 있기 때문이다. 자신의 현재에 앞서 있다는 기시착오적 탄생, 시작이 아닌, 무-원리, 현존이 아닌 잠재적 탄생. 자신과 일치하는 현재를 배제하는, 왜냐하면 감성 속에서, 상처받기 쉬움 속에서 타자의 모독에로 노출됨 속에서 접촉하기 때문에. 더 많이 대답할수록 더 많이 책임져야 하는 주체. 마치 나와 타자 사이의 거리가 근접성이 촘촘해지면 촘촘해질수록 증가되는 것처럼. 계약으로 맺어진 약속 없이 의무 속에 있는 주체의 잠재적 탄생. 대가 없이, 형제여서가 아니라, 어떤 이유나 목적도 없이, 끝도 없이, 긴밀해질수록 더욱더 요구가 많아지면서 엮여지는 것. 마치 그 안에 무한이 발생했던 것처럼, 영광스럽게 커져 가는 안-아르케의 시작 없음과 의무의 끝없음 속에서의 주체의 탄생, 이와 같은 방식으로 수수께끼처럼 무한은 이해된다(262).

2. 무한의 영광

무한의 영광은 '영감Inspiration'이라는 글로 시작된다. 일반
적으로 영감靈感으로 번역되는 inspiration은 불어 사전에 의
하면, 영감, 고취, 계발, 들숨 등의 의미를 지닌다. 가톨릭
정보 사전의 「전례사전」에서는 사람들의 마음과 정신에 끼
치는 성령의 특별한 영향으로 설명하고 있다. 또한 플라톤
Platon은 『변명』에서 "시인의 창작은 지혜가 아니라 선천적
인 재능에 의한 것이며, 그들은 예언가와 같이 신탁으로 영
감을 받게 된다"[42]라고 하고 있다. 그리고 『이온』에서는 "뮤
즈는 시인들에게 영감을 준다. 그리고 이들 영감에 찬 사람
들이 다른 이들에게도 영감을 퍼뜨리도록 한다. 그래서 그
들을 서로서로 연결시킨다. 모든 훌륭한 서사시들은 기예
로부터 만들어진 것이 아니라 영감으로부터 나온 훌륭한
시들을 표현한다."[43]고 하고 있다. 이들 내용을 고려해 볼

42 Plato I, *APOLOGY*, trans. by H. N. Fowler, Harvard University Press, 1967, p.85.
43 Plato VIII , *ION*, trans. by W. R. M. Lamb, Harvard University Press, 1962, p.425.

때, 통상적으로 종교나 철학에서 영감은 성령, 신들, 뮤즈 등과 같은 성스러운 원천에서 나온 계시나 선천적 재능에서 유래하는 것으로 이해하고 있음을 알 수 있다. 즉 이성, 자아, 인간적 지혜 등을 넘어선 어떤 초월, 계시, 신성함 등과 연결시키고 있음을 알 수 있다.

그런데 레비나스가 말하는 '영감'을 이와 같은 맥락에서 해석하게 된다면 매우 성급하고 오해가 깃들 수 있다. 먼저 레비나스의 텍스트를 중심으로, 면밀하게 살펴 가면서 영감의 의미를 규명해 보겠다.

"타자를 위한 책임은 모든 결정에 선행하여 타자에게로 자아가 노출됨을 의미한다. 자아의 내부에서 타자에 의해 동일자에게 부과되는 요구, 내 안에 있는 타자에 의해 나에게 행사되는 명령의 극단적 긴장, 타자를 기다릴 시간을 동일자에게 주지 않을 정도로 긴박한 동일자에 대한 타자의 트라우마적 지배. 이 같은 변질에 의해 영혼은 주체에게 생명을 불어넣는다. 그것은 영혼의 호흡l'pneuma이다. 마음은 동일자와 타자의 논리 너머에 있는, 그들의 극복할 수 없는 역경 너머에 있는 타자가 동일자에게 부과하는 요청 또는 영감을 의미한다"(264).

이 텍스트에서 레비나스는 단도직입적으로 말한다.

'마음은 … 타자가 동일자에게 부과하는 요청, 영감을 의미한다.'

바로 인용한 이 글에서 타자를 강조하는 레비나스의 특성이 드러난다. 어떤 성스런 원천을 전제하는 종교적 의미의 성령이나 또는 어떤 천부적인 재능으로부터 오는 비이성적인 천재성으로부터 자아에로 전해지는 신비한 능력이 아니라, 바로 '타자 즉 다른 이가 자아에게로 부과하는 요청'을 영감이라고 말하고 있고, 마음을 바로 그런 것으로 설명하고 있는 것이다.

이 의미를 해명하기 위해, 앞의 텍스트 한 문장 한 문장을 분석적으로 해석해 본다. 첫 문장에서 레비나스는 '**타자를 위한 책임은 모든 결정에 선행하여 타자에게로 자아가 노출**

된다는 것을 의미한다'라고 말하고 있다. 먼저 '결정에 선행한다'는 것은 무슨 의미인가? 그동안 어떤 결정의 합리적인 형태는 자유의지에 의한, 그리고 자신의 선택을 전제한 경우에만 바람직한 것으로 논의되어 왔다. 어떤 것에도 영향을 받지 않고, 바로 자아로서, 자신이 결정해야 한다는 것이다. 그리고 자유의 자율성에 대한 어떤 문제제기도 애초에 차단된다.[44] 이런 논법의 함정은 마치 진공상태에 자리한 것과 같이 어느 것에도 영향받지 않는 자유를 궁극의 가치로 설정한다는 것이다. 레비나스는 이런 방식으로 이해되는 자유를 자의성과 자발성의 측면에서 문제 삼는다. 즉 '곤란한 자유'라고 말할 수 있다. 고립무원의 상태를 가정한 또는 타인을 안중에 두지 않는 경우, 자발적이고 자의적으로 결정한 것이 타인을 위한 것이 될 때가 없지는 않겠지만 그 범위와 대상은 제약될 것이다.

---

[44] 레비나스는 자유를 자율성으로 보지 않으며, 도덕적 자유는 타자의 타자성에 정향되어야 한다고 주장한다. 다음 참조: Catherine Chalier, "The Philosophy of Emmanuel Levinas and the Hebraic Tradition," *in Ethics as first Philosophy*, ed. Adriann T. Peperzak (New York: Routledge, 1995), pp.3-13.

레비나스는 '타자에게로 자아가 노출됨'을 강조하지만 그 반대의 경우 즉 자신이 타인에게로 노출되지 않는 경우를 양치기 기게스Gyges를 인용하여 설명한다. 플라톤은 『국가론』에서 남에게 자신이 드러나지 않는다고 생각하는 상태에서 드러날 인간 행위들을 기게스라는 인물을 통해 보여준다.[45] 타인에게 자신을 드러나지 않게 하는 반지를 취득한 기게스는 안하무인의 살인과 치정과 권력을 탐하는 모습을 드러낸다. 그런데 자신은 타인에게로 드러내지 않은 채 마음대로 활보하면서 일방적으로 타인을 볼 수 있는 것은 소설에서나 가능할 뿐 현실에서는 불가능하다. 신체성의 주체는 타자에게로 드러날 수밖에 없으며, 타자에게로 제시될 수밖에 없다. '머리채 잡힌 기게스'라는 레비나스의 은유적 표현은 우리 인간 주체란 바로 타자에로 노출될 수밖에 없는 존재 즉 타자에로 드러내어진 존재임을 강조한 것이라 볼 수 있다. 우리 자신이 타자에로 노출되어져 있는

---

45 Plato V, *REPUBLIC I*, trans. by P. Shorey, Harvard University Press, 1946, p.117.

한, 타자를 위한 책임에서 면제될 수 없다. 우리말에 '차마 눈뜨고 볼 수 없다'라는 말이 있듯이, 타자의 존재에 직면할 때, 우리는 그로부터 자유로울 수 없다.

레비나스는 자아로부터 추상적으로 구성되는 표상은 '인류의 형제애 속에 새겨지는 타자를 위한 책임을 알지 못한다'(263)고 본다. 왜냐하면 자신의 카테고리에 의해 사고하는 이성은 감각이나 감성으로부터 철회되어 타자를 향해 마음을 충분히 열지 않기 때문이다. 그래서 구체적으로 외재해 있는 것들을 무감각한 카테고리를 통해 접수할 뿐, 그것을 벗어난 것들은 놓쳐 버리기 때문이다. 예컨대 카테고리에 잡히지 않는 타자의 고통에 대해서는 통감하지도 못하고 책임성을 느끼지도 못하는 것이다.

레비나스는 말한다. **"나를 타자에로 명하는 명법은 … 이웃의 얼굴로서가 아니라면 … 나에게 보여지지 않는다."** 요컨대 이웃의 얼굴은 나에게 명한다. 그러므로 명법imperative의 원천은 자신이 아니며, 자기의지의 원리도 아니다. 그것은 나 아닌 다른 사람 즉 타자의 얼굴인 것이다. 타자로부터 오는 명령이기에 그것은 자기 주도적 질서나 자아의 내재성에로

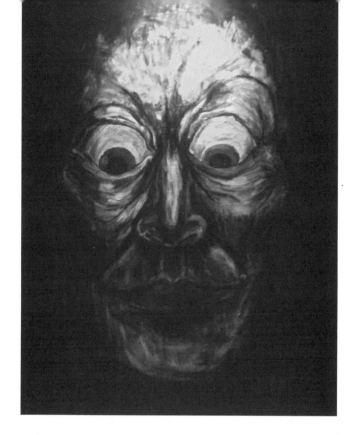

김선우, 기게스의 초상 — 탐욕 (캔버스에 아크릴릭, 60F, 2016)

영화 「반지의 제왕」의 모티브가 된 기게스는 플라톤의 『국가』에 나오는 양치기다. 그는 어느 날 우연히 얻게 된 반지를 끼면 사람들이 자신을 볼 수 없다는 것을 알게 된다. 타자에게 자신이 노출되지 않고 숨을 수 있다는 것을 알게 된 사람들은 어떻게 행동할까? 그 결과는 참담하다. 그는 자신의 주인이던 리디아의 왕을 죽이고 왕비와 간통하고 왕위를 찬탈한다. 배신, 간통, 절도, 살인 등과 같은 온갖 악행을 일삼은 것이다. 레비나스는 타자의 고통에로 자신을 드러내지 않는, 자신의 은둔처에 꼭꼭 숨어 영향받지 않는 자, 자신을 열지 않고 자기 안으로 꽁꽁 숨어드는 냉담한 이기적 자아의 모습을 내적 비밀을 지닌 기게스라고 부른다.

전환할 수 없는 초월성을 지닌다.

그런데 레비나스는 여기서 그치지 않는다. 인용된 텍스트는 이어 다음과 같이 말한다.

자아의 내부에서 타자에 의해 동일자에게 부과되는 요구, 내 안에 있는 타자에 의해 나에게 행사되는 명령의 극단적 긴장, 타자를 기다릴 시간을 동일자에게 주지 않을 정도로 긴박한 동일자에 대한 타자의 트라우마적 지배.

이 말에 의거하면, 타자는 이제 외부에 존재하는 타자만을 의미하지 않는다. 타자는 이제 자아의 내부로 진입해 있다. 내 마음속에 자리 잡은 '내 안의 타자'가 된 것이다. 내 마음속에서 나를 촉구하고 명령하는 긴박함이 된 것이다. 급기야 나는 타자가 명하기도 전에 응답하게 된다. 타자는 마치 트라우마처럼 나를 지배하게 된 것이다. 이와 같은 내용을, 조금 달리 생각해서, 오랫동안 우리에게 익숙했던 동체자비同體慈悲 등을 통해 생각해 보자. 다른 이의 몸을 내 몸처럼, 아니, 내 마음속에 다른 이에 대한 걱정이 나 자신에 대한 걱정보다 더 크게 자리 잡고 있는 경우를 생각해 보자. 내 안에서 행해지는 그를 위한 기도는 내 안에서 나를 잡고 있는 그에 의해서 부과되는 요구이자, 명령이며, 그가 무엇인가를 말할 것을 기다릴 새도 없이 내가 응답해 버리는 상황이다.

레비나스는 여기서 멈추지 않는다.

이 같은 변질에 의해 영혼은 주체에게 생명을 불어넣는다. 그것은 영혼의 푸네우마(호흡l'pneuma)이다. 마음은 동일자와 타자의 논리 너머에 있는, … 타자가 동일자에게 부과하는 요청 또는 영감을 의미한다.

타자에게 마음을 쓰면서, 타자를 가슴에 품고 있어서, 나 자신보다 타자를 더 걱정하게 되어서, 이제 그가 나인지 내가 그인지 구분이 잘 되지 않는 경지에 도달하였다고 보아야 할까? 타자로 말미암아 자아는 쇄신된다. 내 마음속에 타자를 품고 있는 영혼은 바로 그로 인해 정체되지 않은 새로운 생기를 자기 자신인 주체에게로 불어넣는다. 영혼의 푸네우마는 이제 동일자와 타자를 구분하는 이분법적 논리를 벗어나게 된다. 그래서 영감은 바로 타자로부터 오는 것이고, 이렇게 내 안의 타자로 말미암아 우리의 영혼은 생기를 얻고 새로워진다.

타자로부터 부여받게 되는 영감은 결국 자신을 타자에로 열어야 가능해진다. 자신의 입맛에 맞고 취향에 맞는 것만을 선별해 받아들인다면 자신을 넘어서고 생기를 주고 전율하게 하고 쇄신시키는 압도적인 타자성에로 노출되기는 어렵다. 그러므로 주체의 수동성, 수동성보다 더 수동적인 수동성이 필요하다고 말하는 것이다. 아래 텍스트의 문장을 통해 이 문제를 면밀히 살펴본다.

주체성이 유보 없이 드러나기 위해서는 타인에 대한 노출의 수동성이 곧 능동성으로 전복되어서는 곤란하며, 제때에 수동성이 드러나야 한다. 즉 수동성의 수동성이 필요하다. 무한의 영광 아래 능동이 소생될 수 없게 하는 재가 필요하다. 이 수동성의 수동성, 타자에게 헌사함, 이 진정성이 바로 말함이다(267).

인간 주체성을 주체의 능동성이나 자율성으로 규정짓고 제한하는 사람들은, 레비나스의 이 말, "**타인에 대한 노출의 수동성이 곧 능동성으로 전복되어서는 곤란하며, 제때에 수동성이 드러나야 한다**"는 것은 도무지 용납하기도 이해하기도 어려울 수 있다. 이 세상을 나 홀로 전유할 수 있다는 자아관에서는 타자에로 노출되는 것은 참을 수 없는 상태로 다가올 것이다. 오죽하면 사르트르까지도 '타자가 지옥이다'라고 선언하였겠는가? 몸이 있는 한 우리는 다른 이에게 보일 수밖에 없다. 타자에게로 노출되는 몸의 감각기관을 통해 우리는 듣고 보게 되어 있다. 우리의 감각기관은 자아의 어떤 의도나 의지를 벗어나 있다. 보려고 하기 전에 보게 되고, 듣고자 하기 전에 들리게 되며, 보기 전에 듣고 듣기 전에 보게 된다. 물론 우리는 우리가 보게 된 것을 두 눈을 질끈 감고 외면할 때가 있다. 배가 고파 죽겠다고 내민 손을 내 갈 길이 바쁘다는 이유로 회피할 수 있고 살려달라는 외침을 못 들은 척할 수도 있다. 그러기에 레비나스는 "**이 수동성이 곧 능동성으로 전복되어서는 곤란하다**"고 말한다. 한 발 더 나아가 "**수동성의 수동성이 필요하다**", "**능동이 소생될 수**

없게 하는 재가 필요하다"라고 강력하게 주장한다.

얼마나 단호한 언사인가? '능동이 소생될 수 없는 재'라니? 죽은 사람처럼 살라는 것인가? 그러나 이와 같은 사유의 전례가 없는 것은 아니다. 장자의 심재心齋[46]나 오상아吾喪我[47]를 생각해 보라. 마음을 비워 낼 것을 주문하는 장자는 '자기를 비우고 비워서 마른 나무처럼 되어 버리고, 자기를 모두 태워 버려 재가 되어 버린 고목사회枯木死灰와 같은 것'으로 오상아吾喪我할 것, 즉 내吾가 나我를 버리는 것, 즉 대아로써 소아를 버릴 것을 강조한다. 공자 역시 『논어』에서 "의도, 기필, 고집, 자기 네 가지를 끊었다"[48]고 하였다. 즉, 자신의 의도intention를 갖지 않고, 자신의 입장position을 내세우지 않고, 기필코 무엇인가를 하겠다고 고집하는 것을 버리는 것 즉 자신을 비우는 것을 중시한다. 장자는 심재 이후에 우주의 통소 소리를 들을 수 있었다. 공자처럼 자신의 의도를 버리고 사욕을 버린다면 우리의 인격은 군자로 상

---

46 『장자』, 「인간세」.
47 『장자』, 「제물론」.
48 『논어』, 「자한」, 子 絶四, 無意, 無必, 無固, 無我.

달上達해 갈 것이다.

레비나스는 "**수동성의 수동성, 타자에로 헌신, 진정성은 곧 말함이다**"라고 한다. 수동성의 수동성은 자신을 비우는 것에서 그치지 않는다. 다른 측면에서 본다면, 수동성이란 타자에게 노출된 존재로서의 타자를 위함, 즉 타자에 대한 헌신이자 성실성이다. 또한 레비나스가 '수동성의 수동성, 타자를 위한 헌신, 진정성은 말함이다'라고 할 때, '말함'이 의미하는 바에 대한 좀 더 상세한 논의를 요하지만, 이 글에서는 필요한 부분을 중심으로 짚어 본다. 말함, 즉 대화 상대방에게 말을 거는 것이나 그의 말을 듣는 행위들은 타자를 전제하고 있다. 말을 한다는 것은 타자를 보고 있고 타자와 접촉하고 만나고 그에게로 자신을 드러내는 행위들이 전제된다는 의미이다. 나의 존재를 알리고 타자의 존재를 확인하는 순간이다. 논자는 말함에 대한 사적 경험이 있다. 연세가 들면서 귀가 어두워 잘 듣지 못하셨던 선친은 생전에 가끔씩 전화를 드리면 당신의 딸인 것은 알아채셨지만 무슨 말을 하는지는 파악하지 못하셨다. 안부를 물으시고 당신의 안부를 전하시고 하시고 싶은 말씀을 하시고 나도 마찬가지였다. 둘은 서로 말을 주고받는 것으로 서로의 안부를 확인했다. 무엇을 이야기한 것이 아니라 서로 말소리를 들려주고 상대방의 말소리를 들을 수 있다는 것이 중요했다.

어떤 말함에 대하여 하이데거는 실존을 각성하지 못한 소위 전락한 이들이 다만 서로 쓸데없는 가십을 지껄이고 수다를 떠는 것으로 치부하여 잡담Das Gerede[49]이라고 경멸하기도 하였지만, 말함은 그 자체로 중요한 의미를 지닌다. 사람이 있는 곳에서 꿔다 놓은 보릿자루처럼 뚱해서 침묵하고 있는 것은 상대방을 환대하는 자세라 보기는 어렵다. 말함은 회피함 없이 자신을 타자에게로 제시한다. 말함은 타자의 존재를 전제하며, 추상적인 사유를 통한 표상작용에 앞서 타자를 직면하는 상황 속에 있다. 말함 속에서 주체는 스스로 신호가 되며 신호를 만든다. "저 여기 있어요"라는 발화로 자신을 알리는 목소리이며, 회피하지 않고 자신을 드러내는 바로 여기에 타자를 위함, 타자의 근접성이 있다.

---

49 Martin Heidegger, *Sein und Zeit*, Tübingen: Niemeyer, 1993, §35, Das Gerede.

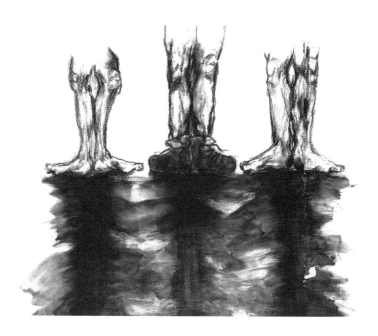

김선우, 희·비극적인 실존의 염려 (종이에 콩테, 비정형, 2015)

이 그림에서 우리는 단단히 동여맨 가죽 구두를 신은 발과 아무것도 신지 않은 맨발들을
본다. 그 차이가 무색하게도 그들이 디디고 있는 삶의 대지는 모두 마치 흔들리는 심연처
럼 불안하게 흔들리고 있다. 실존적 불안에 직면한 현존재적 상황을 직시한 하이데거는
실존의 염려를 드러내며 자신에 대한 성실성을 요구한다. 그러나 레비나스는 불안한 실
존의 자기 염려보다 우리 이웃의 운명이 더 절박한 문제인 것이 아닌가를 묻는다. 이것이
와 닿지 않는다면, 그가 예로 든 톨스토이의 우화를 생각해 보자. 우화 속에는 구두를 만
드는 제화공을 방문하는 한 부잣집 남자가 등장한다. 그는 구두장이에게 무려 25년 동안
신을 수 있는 구두를 주문하지만, 구두를 주문한 바로 그다음 날 사고로 죽고 만다. 25년
동안이나 신을 구두를 미리 주문한 부자 남자를 우리는 자신의 미래에 대해 걱정하고 안
전하게 장치를 마련하는 성실성을 발휘한 실존적 인물로 볼 수 있다. 동시에 자신의 실존
만을 염려하는 이 희·비극적인 인물의 삶이란 그 자체로 바로 하나의 난센스일 수 있다.
레비나스는 실존의 염려나 자신에 대한 성실성 못지않게 우리가 타자의 운명을 걱정해
주고 관심을 가져야 하며 타자에게 성실성을 지녀야 한다고 말한다.

타자와 함께 있는 것, 타자의 가까움과 같은 이웃의 근접 성에서는 자신만을 염려하면서 있기가 어렵다. 그래서 어떤 입장을 취하기도 전에, 타자를 위해 응답하는 세포적 민감성과 같은 책임성에 있게 된다. 말함, 진정성은 내가 타자에게 신호를 보낸다는 신호이며, 그 말함은 '안녕하세요' 라는 말처럼 간단할지라도 그 자체로 빚을 시인하는 것이라고 볼 수 있다. 즉, 타자를 향해 말하고 타자와 나누는 인사는 우리가 진 빚, 타자를 위란 책임을 재인식하는 것이라고 한다. 한 사람이 타자에게 노출되고, 타자에게 진정으로 다가선다는 것은 비용을 들이지 않고 골방에서 조용히 홀로 기도하는 것만으로는 충분히 설명될 수 없다(269-270).

3. 진정성과 무한의 증언

1) 진정성과 무한의 영광

서구에서 진정성을 강조한 이는 하이데거이다. 그의 경우 '죽음을 향한 존재'로서의 실존을 각성한 현존재가 한 번뿐인 자신의 삶에 고유한 것eigentlich것으로서의 진정성

sincérité[50]을 되새기는 것에 초점을 맞추고 있다. 그와 달리, 레비나스는 관점을 바꾸어 인간은 자신의 죽음을 경험하거나 알 수는 없지만 타인의 죽음을 경험한다는 점을 지적한다. 또한 자신에 대한 염려에 앞선 타자의 운명에 대한 염려를 촉구한다. 이와 같은 관점의 차이에서 비롯된 것인지, '진정성'에 대한 의미부여 또한 다르게 진행된다. 하이데거가 자기 자신에 대한 진정성을 촉구한다면, 레비나스는 타자에 대한 진정성을 촉구한다. 그의 텍스트는 진정성과 무한의 영광을 연결시킨다. 이제 이것을 살펴본다.

레비나스는 '진정성의 의미는 진정성에 요청하는 무한의 무한성에 근거한 것이 아닌가'(270)라고 말한다. 이와 같은 말은 진정성의 대상에 대한 중요한 시사점을 준다. 진정성은 우리 자신을 넘어서 있는 무한성으로부터, 즉 무한의 무한성에 근거하여 요청된다는 것이다. 무한이 레비나스에게 어떤 의미를 담고 있는지에 대해 간단히 언급한다면,

---

50 하이데거의 현존재에서의 고유함이나 성실성 등과 관련된 말들의 의미규명은 다음 참조: 레비나스, 『신, 죽음 그리고 시간』, 자크 롤랑 엮음, 김도형 외 번역, 그린비, 2013, 55쪽.

'자아의 경계선을 가로지른'의 의미를 지닌다. 그래서 혹자는 '제한이 없는'으로 설명하기도 하였다. 하지만, 보다 근본적인 의미는 자아 경계선의 안과 밖이 통합을 의미한다. 안에서 밖으로 열려 있고 밖에서 안으로의 침투가 가능한 상태이다. 밖에서 안으로 침투한다는 것은, 달리 말하면, 타자에 의해 영향받음, 정서, 타자에 의한 울림, 공명이 일어나는 것이다.

무한에 대한 레비나스의 개념규정을 고려한다면, 다음과 같은 레비나스의 말들도 수월하게 이해될 것이다. 우리가 외재성에 노출된 감각으로부터 거리를 둘 수 있는 자의식conscience de soi 즉 자아ego로부터 시작한다면, 남의 소리는 들리지 않을 것이다. 즉 타자가 아무리 울부짖어도 들리지 않을 것이다. 현실에서 이것은 바다에 빠져 위험에 처한 아이들에게 '가만히 있으라'고 말하는 이들의 모습을 지닌다. 위험에 처한 이들을 방치한 채, 자신들만 몰래 보호받을 통로를 확보하고, 안전한 곳으로 돌아와서 물에 젖은 지폐 몇 장을 말리던 이의 모습은 타인은 안중에 없이 자신만을 생각하는 이의 자신에로의 쭈그러짐이 적나라하게 드러난다.

레비나스의 다음과 같은 말, "무한의 영광은 결코 표상되었던 적이 없는 것으로, 결코 자아가 차지하고 있는 현재로 되지 않는, 그래서 자아 속에서 싹틀 수 없는, 절대적으로 더 먼 과거로부터 온 것이다"(271)는 자신이 아닌, 타자로부터 출발한다는 것의 의미를 잘 보여 준다. 그것은 타자로부터 오는, 즉 무한의 무한성에 근거한 성실성이 어떻게 구현되는지 보여 준다. 출발점을 타자로부터 놓는 주체는 타자의 호출에 민감해진다. 타자에 의해 고무되며, 타자를 위한 책임성으로 민감해진 주체는 타자에게 선착순으로 다가선다. 타자에게 사로잡힌 이들은 심지어 자신의 안전을 위한 어떤 은신처도 마련해 두지 않고, 자신을 보호할 어떤 비밀스런 방책도 없다. 이런 모습을 우리는 목도하였다. 작은 밧줄이나 구조복조차도 걸치지 않고, 어떤 안전망도 없이 절박하게 학생들을 찾아서 학생들의 이름을 부르면서 바다 깊이 가라앉는 배 안 아래층 계단으로 걸어 내려갔다고 하던 여린 선생님의 모습이 바로 그러하다. 레비나스는 "책임성에서 무한의 영광이 빛난다"(271)고 말한다.

무한의 영광이 빛나는 주체성은 타자에로 완전히 자신을 노출시킨 채로 있으며, 타자에 대한 비범하고 민감한 책임성 속에 있다.

무한의 영광! 레비나스는 "무한의 영광을 회피할 수 없이 내몰린 안-아르케한 주체, 책임성에 의해 타자에게 신호가 되는 진정성으로 안내된 자아"(271)로 설명한다. "저 여기 있어요, 제가 갈게요!me voici"와 같은 말이 곧 영광의 증거라는 것이다. "모든 말해진 것 이전의 말함이 영광을 증거한다"는 것이다. 어떤 선행적 담론 없이도, 단번에 '저 여기 있어요. 제가 할게요'라고 말하는 복종의 수동성은 자아의 주도권과는 무관한 '말함'이다. 이는 아기의 뒤척임이나 조그만 소리에도 자신의 피로는 잊은 채 밤낮으로 달려가 "아가야, 엄마 여기 있어! 괜찮니?"라고 반응하는 어머니들의 모습에서도 나타난다.

레비나스는 회피할 수 없이 내몰리는 타자를 위한 책임에서, "전-근원적인, 안-아르케한 정체성은 어떤 시작보다 더 앞선 것이다"(272)라고 말한다. '전-근원적인pré-originel'이란 근원-이전이란 의미이다. 서양 철학에서 '근원'으로 삼아 온 것은 대체로 신 아니면 자아였다. 그런데 근원이 되어 온 '자아'보다도 앞서 있는 것을 말하는 것이다. '안–아르케an-arché' 역시 비슷한 맥락에서 이해할 수 있다. 아르케는 원리, 질서의 의미를 지닌다. 그리고 서구 철학에서 아르케는 자아의 아르케, 즉 자아 원리였다. 안an은 부정의 의미이므로 안–아르케는 '아르케가 아닌'을 의미한다. 즉 '자아를 원리로 삼지 않는'의 의미를 지닌다. 그러므로 전–근원적이고 안–아르케적인 정체성이란 곧 자아를 근원으로 삼는 것이 아닌, 즉 애초에 자아보다도 앞서 있으며, 자기 자신을 원리로 삼는 것이 아닌 것을 의미한다. 즉 자아가 시작점이 되던 서구철학을 전복시킨 것이다. 보다 단적으로 말하자면, 자아로부터 출발하기에 앞서 자아를 사로잡고 자아를 흔들고 울림을 주는 타자를 상정하고 있는 것이다.

이와 같은 구도 속에서 자아는 의식과 자유 이전에, 이미 타자에 의해 수행된 지명에로 노출되어 버린다. 레비나스는 이러한 지명을 "그 자신을 보이지 않으면서 지명된 이의 말함 속에서 말하는 무단침입에 의해 나에게로 들어오게 되는 지명이다."라고 말한다. 이 문장은 매우 당혹스럽게 느껴진다. 논리적으로나 시간적으로 혼란되어 있고, 문법에도 어긋나 보이기 때문이다. 그러나 우리가 엄연히 경험하는 사실들에서 이러한 어긋남은 곧바로 맞춰진다. 우리 시대의 공존하는 이들에게 이미 공통경험이 된, 바닷속에 잠긴 배 속으로 아이들을 구하려고 뛰어들던 사람들의 행위를 생각해 보자. 막막한 바닷속으로 뛰어드는 잠수사들의 행동들은 바닷속으로 사라져 간, 즉 '그 자신을 보이지 않으면서 지명된 이의 말함 속에서 말하는' 그들의 말을 우리에게 전하는 것과 같았다. 누가 시키지도 않았고, 오히려 혼란스런 웅성거림이 난무하는 가운데서도 그들은 마치 도와달라는 소환을 받은 이들처럼, 사납게 휘몰아치는 시커먼 바닷속으로 뛰어드는 모습을 보였다.

2) 무한의 증언 : "저, 여기 있어요"

이처럼 타자의 지명을 받은 자에 대해 레비나스는 "나는 애초부터 피할 그림자 없이 쨍쨍 내리쬐는 햇볕 아래 위치한 것과 같은 책임의 지명에 노출되어 있다"(273)라는 말로 설명한다. 이들이야말로 타자에게 성실한 이, 무한의

김선우, 그림자 없는 정오: midi sans ombres (종이에 아크릴, 비정형, 2015)

동쪽 하늘에서 떠오른 해가 서쪽 하늘로 지는 동안, 지상에는 태양의 방향에 따라 그림자가 길게 드리워진다. 그러나 한낮, 태양이 정수리를 비추는 바로 그 순간은 '그림자 없는 정오'가 된다. 레비나스는 이 지점을 '타자에게로 완벽하게 노출된 주체'의 메타포로 제시한다. 타자의 불행이나 고난으로부터 회피하여 숨어 버리는 이기적 자아와는 정반대로, 자기 안으로 자신을 은폐시키는 이기심을 버린 이들은 자신을 숨길 그 어떤 장소도 갖지 않는다. 그래서 타자의 고통에 완전히 자신을 노출시킨다.

영광의 증인, 즉 회피할 수 없이 내몰려 타자에게 신호가 되는 성실성으로 인도된 주체인 자, 타자를 대속하는 자라 하겠다.

대속은 주체성의 핵심이라고 볼 수 있다. 대속의 주체성은 자유냐 비-자유냐를 논제로 삼기에 앞서 이미 타자의 자리로 내려선다. 대속하는 이는 '자신을 바치는 희생자'와는 다르다고 한다. 자신을 바치는 이에게는 주관적 의지가 작용할 수 있기 때문이다(273). 말하자면, 대속의 주체는 자아가 머리를 쳐들기도 전에, 생각을 일으킬 틈도 없이, 마음이 바뀌기 전에 뛰어드는 것이다.

대속을 주체성이 타자의 자리로 제시되는 것이라고 할 때, 우리는 무심코 대속을 동정이나 감정이입과 동일시할 수 있다. 그러나 아래 인용문에서 보듯이, 레비나스는 대속을 보통 동정, 연민, 공감 등으로 번역되는 동정compassion이 아니라고 단언한다.

대속은 일반적으로 동정 또는 감정이입의 심리적 사건이 아니다. 대속은 타자의-자리에-자신을-놓는se-mettre-à-la-

place-d'une-autre 역설적인 심리적 가능성을 가능하게 한다. …
(274)

대속이 심리적으로 타자의 자리에 있게 하는 역설적 작용을 하기는 하지만, 대속은 동정이나 감정이입이 아니라는 것이다. 그러므로 대속substitution과 동정compassion을 구분할 필요가 있다. 매우 중요한 문제로 보인다. 이를 명확히 하고자 먼저 영어사전의 의미나 불어사전의 의미를 살펴본다. compassion의 영어 사전적 의미는 다음과 같다. "Deep awareness of the suffering of another(다른 이의 고통에 대한 깊은 자각과 의식)." "The human quality of understanding the suffering of others and wanting to do something about it(다른 이의 고통을 이해하고 무엇인가를 하려는 인간의 품성)." 불어 사전의 의미는 다음과 같다. "Sentiment qui nous fait partager la souffrance d'autrui (par intuition ou connaissance de cette souffrance-la) (고통에 대한 인식이나 직관에 의해) 타인의 고통을 나누게 만드는 감정."

이로써 compassion과 substitution을 구분해야만 하는 차이가 매우 분명해진다. compassion에는 여전히 주체의 의지와 표상이 전제되어 작용하고 있다. 자각과 의식, 인식과 직관과 같은 말들은 바로 compassion이 인식론적 전제를 깔고 있음을 보여 주는 것이다. 또한 compassion이 우리말로 측은지심이나 동정심으로 번역되고는 있지만 이들을 정확한 번역이라고 볼 수 없음을 알 수 있다. 우리말 측은지심이나 동정심에서는 자아가 개입되는 인식론적인 의식이 개입되지 않지만, 이들의 영어표기인 compassion에는 인식론적 의미가 함축되어 있는 간과할 수 없는 격차가 있다. 레비나스는 "후설이 최초로 감정을 도입하였지만 여전히 앎에 기초해 있다"[51]는 것과 "정감성과 표상이 결합되어 있다"[52]고 지적한다. 그리고 막스 셸러M. Scheler가 가치감정을 말하지만 그 감정은 존재론적 구조를 가지고 있음[53]을 지적한다. 인지와 지향성은 여전히 그 출발점을 자아에 두고 있고 주도권을 자아가 지고 있다. 즉 회피가 가능하다.

---

51 『신, 죽음 그리고 시간』, 31쪽.
52 같은 책, 33쪽.
53 같은 책, 31쪽.

그럼 compassion이 아니라면 대속은 무엇인가? 그렇다고 '대속은 대속이다'라는 오만한 동어반복으로 대속의 의미를 규명할 수는 없다. 레비나스는 "지향성 없는 정감성affectivité sans intentionnalité이 중요하다"[54]고 보면서, 대속을 susceptibilité로 설명한다. susceptibilité는 (병에) 걸리기 쉬움, 전염, 영향받기 쉬움easily affected, 느끼기 쉬움 등을 의미하며, 감수성이나 민감성으로 번역할 수 있겠다. 민감성은 단단한 자아의 핵을 유지하는 것을 어렵게 한다. 굳건하게 닫힌 자아의 성벽에 사정없이 틈을 내는 것이 감수성이라 할 수 있다. 우리의 경우 "그렇게 말하니 내 마음이 약해지네", "인정상 도저히 그렇게 냉정하게는 못하겠네…", "너의 슬픔이 전염되었어"라는 말들은 모두 독한 마음을 먹지 못하고 타인의 사정을 외면하지 못하는 것을 표현한다. 즉 타자로부터 영향을 받는 상태인 것이다. 레비나스는 이 민감성을 다음과 같이 설명한다.

---

54 같은 책, 31쪽.

모든 것에 대한 순종으로서의 주체의 주체성, 맘이 편치 않음 속에서, 타자에게 나를 명하는 무한의 영광에 대한 복종, '네. 저 여기 있어요, 내가 갈게요Me voici, envoie-moi'라는 응답 속에서 기소되는, 모든 자유에 선행하는, 모든 현재적 자아 밖에 있는 근원에 앞선 민감성suceptibilité(273).

이러한 레비나스의 글들은 매우 압축되어서 천천히 음미하지 않으면 마치 암호를 건네받은 것 같다. 그러나 삶의 고단함 속에서 남을 도우면서 살아가는 사람들의 삶에 대한 응시와 의미화 그리고 그런 이들에 대한 위로가 읽힌다. 이를 자세하게 살펴본다. '모든 것에 대한 순종으로서의 주체의 주체성', 이런 말을 들을 때 특히 순종이라는 말을 들을 때, 혹자는 엄청난 불쾌감을 느낄 것이다. 왜 인간이 남에게 순종해야 하고 더욱이나 모든 것에 순종해야 하는가라고 화를 내고 반문할 것이다. 레비나스가 온갖 고통을 겪게 되는 욥을 인용한 것은 우연이 아니다. 하나님을 신실하게 사랑한다는 욥까지도 가늠할 수 없는 자신의 불행 앞에서 어쩔 수 없이 '내가 왜 태어났나'라고 한탄하였던 것[55]을 다시 생각해 본다면, 받아들일 수 없는 고통과 불행과 불의한 재난에 휘말린 사람이 모든 것에 대해 순종하는 것은 결코 쉬운 일이 아니다. 여기서 그러한 것이 옳고 그른지를 따지는 것은 초점을 벗어난다. 삶 속에는 "제가 갈게요, 제가 할게요"라고 말하는 사람들이 있었다. 이들은 "네 탓이냐, 내 탓이냐"를 논하기에 앞서 마치 호출을 받은 이들 마냥 즉각적으로 달려와서 "제가 여기에 있어요. 나를 보내 주세요"라고 말하고 있었다. 절박한 상황에서 이것저것 생각하기 전에 즉각적으로 반응하게 되는 것이다. 레비나스의 기시착오적 논법대로라면, "내가 갈게요"라고 하는 바로 그 말로 우리는 이들이 도움을 청하는 이들에게 호출되고 소환되었다는 것을 알 수 있다. 이처럼 타자에게로 명해진 무한의 영광에 복종하는 주체의 주체성은, 자유나 자아를 벗어나 버리고 전근원적인 민감성의 상태에 놓이면서 타자와 접속하게 된다. 번데기가 자신의 허물을 벗어 버리고 나비가 되어 날아오르듯이.

---

55 『구약성서』, 〈욥기〉.

타자에게 냉정하지 못하고 타자를 외면하지 못하는 주체는 타인의 불행 앞에서 "저 여기 있어요. 제가 도울게요"라고 말할 수밖에 없게 된다. 그와 동시에 그는 타인에 대한 걱정에 휘말리고 마음이 불편하게 되어 자기 안으로부터도 추방당하게 되어 어디에서도 안식하지 못하게 된다. 자기 안에서 쉴 수 없는 주체는 자신과도 불화한 반복récurrence 속에 있다.

> 심술궂고 전제적인 자기의 주체성에 대한 박해의 상처로 살
> 갗이 벗겨진 자아는 불명료함을 갖지 않으며, 회피에 적절한
> 침묵의 지대를 갖지 않은 투명함 속에서 《저 여기 있어요》로
> 되돌아온다(274).

인간의 핵성이자 원리로 간주되어 오던 자아를 '심술궂고 전제적'이라고 서술하는 레비나스의 말은 불쾌하게 들릴 수 있지만,[56] 여기서 이 문제를 다루는 것은 초점을 흐리

---

56 동양의 사유전통에서 끊임없이 경계해야 할 것으로 이야기되는 소아, 사욕,

기에 자제하겠다. 다만 레비나스가 『전체성과 무한』[57]에서 언급한 자아의 동일화 작업과 자기중심적 표상과 통합의 문제, 전체성의 폭력, '자아의 제국주의'라는 말을 상기해 보자. 타자에로 노출된 자아는 태만함이 아니라면 더 이상 애매한 회색지대 속으로 도피하여 침묵할 수 없다. 이기적 주체성은 타자로부터 가해진 타격으로 말미암아 벌거벗겨 진다. 그가 타자에게로 보내는 신호는 "저 여기 있어요(제가 할게요)"다.

　　무한의 증언으로서, 그러나 그것이 증언하는 것을 주제화하

　　지 않는 증언인 《저 여기 있어요.》(274)

　　"저, 여기 있어요", 부름에 응답하는 이 말은 '무한의 증

소인을 생각해 보자. 남들이 보지 않을 때면 온갖 못된 짓을 하던 소인이 어느 날 군자의 품격 있는 모습을 보고 자신도 남들이 보는데서는 군자인 척하지만 폐와 간처럼 속이 보이므로, 남이 안 본다고 생각할 때 더욱 삼가야 한다고 말하던 『중용(中庸)』 신독(慎獨)의 의미를 음미해 보자.

57　Emmanuel Levinas, *Totality and Infinity*, trans. A. Lingis, Kluwer Academic Publishers, Netherlands, 1991.

언'이다. 앞에서 언급하였듯이, '무한無限'이란, 나의 테두리가 없는 것, 무경계인 것이다. 자아의 핵성이 허물어진 것이다. 자아의 옹벽이 부서져 내린 것이다. 혹자는 내가 없어지는 것에 두려움을 가질 것이다. 자기변혁의 계기를 이해하지 못하는 한, 자아의 경계를 허무는 것은 정념의 공포와 혼동되기도 한다.[58] 혹자는 이와 반대로 무한을 곧바로 초월과 연결시키고 급기야는 신성의 의미로 해석한다. 그래서 무한을 어떤 종교성으로 규정짓는다. 그러나 레비나스를 이런 식으로 이해하는 것은 성급하다. 레비나스가 『전체성과 무한』에서 초월transcendance과 열망désir을 강조하였지만, 초월과 열망이 향해 가는 대상은 타자이지 신이 아니다. 즉, 자신의 이기심을 비우면서 자기중심성을 벗어나 타자로 향해 다가가는 것을 의미한다. 타자로 향해 다가가는 자는 다른 이를 만나고 타자에 응답한다. 타자의 부름에

---

58 니체가 그렇다. 정념의 극단적 형태는 디오니소스의 술 취한 여신도들의 광란적인 망아로 표현된다. 다소 과격해 보이는 광란적 망아는 『비극의 탄생』에서 니체가 보여 준 바다. 그러나 자아의 단단한 핵이 허물어지는 것, 자아의 경계를 벗어나는 것은 광란적 망아로 귀착되는 것과는 전혀 다른 의미를 부여받을 수 있다. F. 니체, 김대경 옮김, 『비극의 탄생』, 청하출판사, 1998.

깊이 호응하는 민감성인 '저 여기 있어요'는 무한의 영광을 증언하는 것이다.

"그것은 무한의 영광에 속하는 증언이다. 무한의 영광이 영 광스럽게 되는 것은 바로 증인의 목소리에 의해서다"(275).

여기서 영광, 무한의 영광은 자아의 테두리를 벗어나면 서 드러나는 타자를 위함을 증언하는 영광을 의미한다. 무 한하게 외재적인 것이 내면적인 목소리로 되지만, 어떤 사 적인 비밀을 담고 있는 내면성이 아니다. 그것은 내 안에서 타자에게 신호를 만드는 내면성의 균열을 증명하는 목소리 가 된다(276). 타자에게로 접근해 가는 인간적인 모험 속에 서, 타자에게 보내는 신호 속에서 무한은 증언된다.

3) 증언과 예언

"명령을 듣기에 앞선 복종, 영감 또는 예언의 기시착오는 어 렴풋한 회상의 회복가능한 시간에 의해 이루어진 신탁에 의한 미래의 예측보다 더 역설적인 것이다"(283).

타인의 소환 앞에서 "저 여기 있어요"라고 대답하는 이는 소환에 응하지 않는 이들과는 확연히 구분된다. 이와 같은 말함은 나의 책임을 회피하게 될 수도 있었을 어둠으로부터, 은둔처로부터, 타자에게로 드러내지 않고 숨어 있는 것으로부터, 나 자신을 드러내게 만든다(281). 타자에게로 자신을 드러내는 이들은 타자에 대한 성실성을 보여 주는 것이다. 성실하게 소환에 응답하는 책임성을 보여 주는 것이며, 이런 신호야말로 무한을 증언하는 것이다. 이는 내가 특별한 정체성을 가진 어떤 이어서가 아니라 바로 나의 목소리나 몸짓만으로도 타자를 위해 봉사하는 이로서, '신의 이름 속에 있는 나'(280)를 의미한다. 이는 자아가 다시 고개를 쳐들거나 자의식으로 복귀하는 것과는 다른 것으로, 이웃에 대해 성실하고 겸손하게 대하는 것이며, 기도하는 삶이다.

레비나스는 이와 같은 관계 맺음은 "호소가 응답 속에서 들리는 것, 신으로부터 오는 촉발이 나의 기도 속에 있는 것, 그것을 받아들이는 자의 말함 속으로 현현하는 것"(280)과 같은 특징을 지니는 것으로 설명한다. 이런 관계성은 논리적으로나 순차적으로는 쉽게 납득되지 않는 것 같다. 일반적으로 우리는 호소가 들려서 응답하고, 기도하다 보니 신이 무엇인가 영감 등을 불어넣어 주고, 무엇인가 나타나니까 접수하는 것이라고 생각해 왔다. 그런데 레비나스는 시간적 순서를 뒤바꿔 '응답하는 데서 호소가 들리고, 내가 기도하니까 내 마음속에서 신의 촉발이 일어나고, 받아들이고자 하니까 나타난다'고 말한다.

이런 기시착오적인 관계를 레비나스는 예언이라고 부른다. 그리고 "예언은 질서의 지각이 그에 복종하는 자에 의해 이루어지는 것이다"라고 명시한다(280). 이것은 내가 응답하는 가운데, 바로 나 자신이 발견하게 되는 명령인 것이다. 이 명령은 표상 너머로부터 나에게로 다가오며, 나도 모르게 내 안으로 스며들어 나에게 영향을 준다. 나의 말함 속에서 듣게 되는 또는 듣기도 전에 명령에 구속되는 것이다(282).

'그들이 요청하기 전에 내가 응답하리라'(283).

이런 기시착오적 형식의 응답에서 우리는 '협약이 없이도, 계약이 없이도, 바로 나 자신을 던지는 복종을 보여 준다. 표상에 앞선 이러한 복종, 이같이 계약에 앞선 책임이야말로 정확하게 동일자 안에 타자를 품고 있는 것이며, 바로 여기에서 영감, 예언, 무한이 발생한다'(283).

제5장
정의와 속죄

1. 정의와 제삼자

"내 안에서 무한의 수수께끼에 대해 말함, 어느 누구도 나를 돕지 못하는 책임, 그러나 이 부인에 의해 모든 것이 자아에 부과된다. 그리고 이런 방식으로 무한의 기획 안으로 자아는 입장하게 된다"(288).

이웃의 타자성은 주체에 의한 표상화나 추상적 개념화에 저항한다. 사실상 그 누가 자신이 다른 자아에 의해 구성되거나 실물을 상실한 개념화를 바라겠는가? 타자에게 소환된 자아는 타자에게 잡히며, 동일성의 전환을 겪는다. 타자에게 불리는 자아는 주격적 자아로부터 목적격의 자아로 전환된다. 존재로부터 신호로의 전환(286)인 것으로, 자신의 존재 유지에 급급한 것으로부터 타자에게 자신을 내보이는 신호로 되는 것이다. 이는 타자에 대한 관심으로 전환되는 모습이다. 이런 상태에서는 사욕을 채우려고 급급하지 않는다.

다른 사람을 위한 책임에서의 '타자를 위함'이란 나로부터 시발되는 것이 아니다. 즉, 동일성이 재생되는 자의식으로부터, 즉 현재로부터 시발되는 것이 아니다. 그래서 앙가주망과는 다르다. 앙가주망에는 자신이 스스로 결정하여 참여하는 의미가 있다. 그러나 다른 사람을 위하는 책임에서, 그 시발점은 자아의 아르케가 아닌, 안-아르케an-arche한 타자로부터 부과되는 것으로부터 시작된다. 타자로부터 부과된다는 것이 중요하다. 타자의 지명이 나에게로 향했고, 나의 민감성에서 그 지명을 회피하는 것이 불가능한 것이다. 그래서 책임을 짊어져야 할 나의 자리를 대신할 이가 아무도 없는 상황인 것이다. 나에게로 맡겨진 타자를 위하는 자로서의 나의 무한 책임! 무한 책임은 유일무이하게 선택된 자라는 새로운 정체성을 자아에게 부여한다(240). 우리 자신의 실체성은 이제 타자를 지지하는 이, 타자를 위하여 자신을 대속하는 이인 것에서 존재하며, 자아는 인류애에 도달하게 된다. 대체될 수 없는 인질로 압축되는 자아성 ipséité에 의해서, 우리 자신soi이 바로 무한의 구도 속으로 들어서는 주체가 된다(288).

주체에 의해 대상이 포착되는 현상성으로부터 무한을 분리시키는 것이 가능할 것인가. 주체가 주도권을 쥐고 있는 표상에서는 무한이 부인될 수도 있다. 이와 달리 타자의 얼굴은 타자의 타자성을 적나라하게 보여 준다. 타자의 얼굴은 타자의 비참함, 삶의 흔적을 현현한다. 물론 이런 현현이 주체에게 전해지지 않을 수도 있다. 왜냐하면 타자가 누설하고 드러내는 계시는 그것을 받아들이는 자에 의해, 타자성을 받아들인 주체성 또는 주체의 마음에 깃든 영감에 의해 고취된 이들에게로 행해지기 때문이다. 즉 아무리 아름다운 광경도 눈감고 있는 자에게는 보이지 않고, 아무리 아름다운 노래도 귀 막고 있는 자에게는 들리지 않듯이, 아무리 절박한 타자의 호소도 마음을 꽁꽁 닫은 자에게는 전해지지 않을 것이기 때문이다.

그런데 우리가 아무리 타자가 현현하는 고통과 절박한 요청에 응답하려는 자세를 갖추고 있다 할지라도, 제삼자가 개입하게 된다면 문제가 복잡해진다(292). 만일 내가 단 한 사람하고만 근접해 있고, 그에 의해서만 지명된다면 아무 문제도 없을 것이다. 그러나 현실적으로 우리는 수많은 제삼자들과 근접해 있다. 제삼자는 이웃과는 다르지만 다른 이웃이며, 동시에 타자의 이웃이기도 하다. 물론 타자는 제삼자와의 관계에서도 유지된다. 비록 이웃이 단독이고, 내가 그의 모든 질문 앞에서 답할 수 있다 할지라도, 우리가 그에 대해 전적으로 답할 수는 없다. 타자, 제삼자, 나의 이웃들, 동시대인들은 서로서로 타자와 제삼자들로부터 나를 멀어지게 한다. 그러므로 이사야에서 말하는 '이웃과 먼 사람에 대한 평화'(이사야, 57:19)라는 평화에 관한 성경의 레토릭을 이해할 수 있다. 제삼자는 그 자체로 책임의 한계 문제를 제기한다.

여기서 제삼자를 등장시킨 것은 경험적 사실의 측면에서

말한 것이 아니다. 타자에 대한 책임은 계산으로 강요되는 사태 속에서 부과되는 것도 아니다. 타자의 근접성에서는 타인autrui보다는 모든 타자들이 나를 사로잡는다. 여기에서는 정의를 요구한다. 정의는 타자를 위하는 나의 책임에서, 나를 인질이 되게 하는 자와의 관계에서, 나의 불평등 속에서 이해된다. 타인은 바로 다른 모든 사람의 형제가 된다(295).

나를 사로잡는 이웃은 얼굴을 가진 자이며, 정의로운 염려 속에서 구체화되는 얼굴들과 관계를 맺게 되는 얼굴인 것이다. 근접성 속의 타자는 타자를-위한-자의 절대적 비대칭에 따라서 나를 사로잡고 나는 그를 위해 자신을 대속한다. 그러나 어느 누구도 나를 대신할 수는 없다. 타자를 위하는 이의 대속은 그에 대한 타자의 대속을 의미하지는 않는다. 제삼자와의 관계는 서로 얼굴을 대면하게 되는 근접성의 비대칭성을 끝없이 조정해 가는 것이다(295).

타인 속에서 나를 사로잡는 모든 타자들이 유사성 또는 본질의 공동체로 결합된 동종이라는 것으로 나에게 영향을 미치는 것은 아니다. 타자는 처음부터 나에게 관련된다. 여기서 형제애는 종의 공동체에 선행한다. 이웃으로서의 타인과의 관계는 모든 타자들과의 관계에 의미를 준다. 모든 인간관계들은 이기심을 버리는 것, 마음 비움으로부터 나온다(248).

근접성 속의 '타자를 위하는 자'는 정의가 인류를 지배하는 합법성이 아니라는 것을 경험적으로 말한다. 정의는 근접성 속에 있지 않으면 불가능하다. 법은 근접성의 중심에 있다. 정의, 사회성, 국가, 근접성으로부터 이해되는 제도들은 그 누구도 타자를 위하는 자의 책임의 통제로부터 벗어날 수 없다.

정의는 사회 속에서만 정의로 머문다. 사회 속에서 가까운 곳에 있는 이와 먼 데 있는 이 사이의 구별은 있지 않다. 사회 속에서 모두의 평등은 나의 권리에 비한 내 의무의 과잉, 나의 불평등에 의해 담보된다. 여기에서 우리는 동등하고 정의로운 국가가 만인에 대한 만인의 투쟁에서 발생하는 것인지 아니면 모두를 위한 자의 축약 불가능한 책임으로부터 발생하는 것인지를 아는 것이 중요하다. 국가가 우정과 얼굴 없이도 지속될 수 있는 것인지를 아는 것이 중요하다. 이 점을 안다면, 전쟁이 양심을 가진 전쟁으로 설정되지 않을 것이다(298). 양심이 사심 없는 것이라고 보는 것은 양심이 제삼자의 출현으로부터 나옴에 따라서다. 마주보기의 친밀성 속으로 제삼자가 등장함에서 양심이 출현한다(299).

타자들과의 공공 영역에서 나는 그들 사이에 포함되며, 주체는 모든 의무와 권리를 갖는 시민이다. 여기서 시민은 의무와 권리를 서로 보완하고 균형을 맞춘다. 그러나 **자아와 타자가** 상호적일 수 없는 관계에서는 **타자**를 위함에서만 정의가 세워질 수 있다(300).

타자를 위하는 자의 무한 책임 또는 책임 속에 있는 **무한은** 어떤 의미를 지니는가? 나를 짓누르는 이웃에게로 향하도록 명하고, 존재가 대속으로 전환되면서 나는 이웃을 위하며, 이웃에게 응답한다. 무한의 성스러움은 《존재를 실현시키는》 방식이 아니다. 일레이떼의 영광은 존재나 앎과는 완전히 다른 것이며, 일레이떼는 《신성divinité》을 말함이 없이 **신**이라는 단어를 발화시킨다(302).

2. 자기 형제의 파수꾼인 자

타자를-위하는-자, 타자에·대해·책임 있는 자, 자기·형제의·파수꾼인-자, 인류의 형제애 속에 새겨진 타자를-위하는-자라는 것에 대해서 혹자는 유토피아적이라고 볼 수 있다. 그렇지만 이것이야말로 우리 시대의 인간들이 직면한 상황이다. 여기에서 양식 있는 지성인들은 자신이 자신의 불행을 인식하지 못하는 불행한 대중의 인질이라고 느낀다(309).

나는 존재한다je suis에서는 일자와 내가 책임져야 할 타자 사이에 어떤 공동체의 기저도 갖지 않고 있다. 그러나 인류의 연합은 분명히 형제애 뒤에 온다. 자아와 이웃 사이, 일자와 타자 사이의 근접성 속에서는 무관심하거나 냉담하지 않은 것, 정확하게는 나의 책임성이 있다. 인간성, 타자를-위하는-자, 이웃에 대한 대속에로까지 이르는 책임은 무관심하지 않다. 이런 책임성은 어떤 의도 이전에, 나를 박해하는 박해에 대한 책임, 타자가 나에게 가하는 침투 자체에 대한 책임이다(309). 그러므로 근접성은 사유하는 주체에 의한 주제화 이전의 근거이며, 현재로의 개념들의 취합 이전의 이성이며, 어떤 주체의 주도권에서도 발생하지 않는 전-근원적인 이성, 아나키한 이성을 의미한다. 어떤 숙고 이전에, 어떤 결정에 앞선 타자를 위한 책임이 나에게 명령하기 때문에 현재에 앞선, 시작에 앞선 것이다. 소통, 평화와 같은 것들은 근접성 속에서 나에게 부과된다. 이러한 평화는 나의 책임 아래 있는 평화이며, 내가 인질로 잡힌 평화, 큰 위험을 감수하면서도 나 자신이 완전히 홀로 행해야 할 평화이다. 여기에서 위험은 앎의 불확실성으로 보일 것이다. 그러나 위험을 감수하는 것은 확실성과 불확실성 이전의 초월 그 자체다.

3. 속 죄

타자를 위하는 자, 타자에 대한 대속, 모두에 대한 복종으로, 전적인 후원자이자 모두를 지지하는 자인 것에서 세워지는 주체성(305)이 있다. 내가 책임지고 있는 타자의 모든 부분에 대한 복종의 운명으로, 그런 것에 의해서 속죄가 가능해진다. 속죄에서 나 자신le soi-même은 의미를 지니게 된다.

감성은 단지 기저 없는 수동성 속에서, 순수한 감성의 지점으로서, 사심을-버림으로써 또는 본질의 전도로서 드러난다. 있음의 익명적 소음의 뒤로부터 오는 주체성은 수임 없는 수동성에 이른다. 수임assomption, 受任은 이미 능동, 존재와 다른 것의 수동성, 《능동적인 것》과 수동적인 것의, 주관적인 것과 객관적인 것의, 존재와 생성의 대립 저편에 있는 대속과 관련되어질 수도 있다. 자신의 주체성 속에서, 대속은 수동성의 궁극적 수축이며, 초월적인 나는 생각한다je pense는 것의 유한성을 설명하는 수용성이 전제된 또는 완성된 수임과 대립해 있다. 부정성 그 자체가 결정하는 본질 속에서 확인될 수도 있고 자리 잡게 될 수도 있는, 존재하기 전에 의미를 지니는 선택된, 지정된 자의 정체성. 타자를-위함, 의미화는 자유로운 수임의 행위가 아닐 것이며, 자신의 고유한 감내를 부인하는 자신을 위함도 아닐 것이다. 의미형성은 타자를 대속함에 의한 자신의 윤리적 해방이다. 그것은 타자를 위한 속죄로서 소진된다. 그와 같은 자아는 모든 주도권 이전의, 모든 시작 이전의, 모든 현재 이전의 아나키한 의미를 지니는 자아이며, 제국주의적 꿈으로부터, 자신의 선험적인 제국주의로부터 깨어난 자이다(307).

참고문헌

김연숙, 「레비나스의 주체성 연구」, 『동서철학연구』 제47호, 한국동서
철학회, 2007.

김연숙, 『레비나스 타자윤리학』, 인간사랑, 2001.

김연숙, 「레비나스 평화윤리 연구」, 『윤리연구』 제63호, 한국국민윤리
학회, 2006.

김연숙, 「무한의 영광에 관한 한 연구」, 『동서철학연구』, 한국동서철
학회, 2015.

Emmanuel Levinas, 김연숙·박한표 공역, 『존재와 다르게—본질의 저
편』, 인간사랑, 2010.

_____, *Autrement quètre ou au-dela de l'essence*, Martinus Ni-
jhoff, 1974.

_____, *Totality and Infinity*, trans. A. Lingis, Netherlands:
Kluwer Academic Publishers, 1969.